はじめて編

英文速読トレーニング

ソクトレ150

[監修・執筆]
中野達也
駒沢女子大学教授

アルク

はじめに

トレーニングすれば必ず伸びる！「ソクトレ」を今すぐ始めよう

みなさんはなぜ「速読力」が必要なのかわかりますか？

私は長年、学校教育現場で英語の指導に当たっています。特に中学・高校の教師をしていた時、生徒に身につけさせたいと強く思ったのが、この速読力でした。なぜそんなことを考えるようになったのかといえば、高校3年生が大学に進学するために受験する「大学入試センター試験」がきっかけでした。80分間（筆記）という限られた時間の中で、英語の長文問題を読み切れないという生徒が何人もいることがわかったからです。国公立大学の二次試験や私立大学の入試では6割から7割の正答率でも合格できるかもしれませんが、センター試験（今後それに代わる試験が施行されるにしても）では6割は平均点。本当に行きたい大学に行こうと思ったら、それ以上の正答率が必要になります。つまり**「より速くより正確に読む力」**が絶対的に必要なのです。

ここから私と生徒の速読トレーニングが始まりました。最初に速読トレーニングを始めたのは今から約10年前のことです。当時の高校2年生を対象に、毎回400語で書かれた英文を50回にわたり読ませました。結果、生徒たちの読解スピードは確実に上がっていきました。その後、中学3年生を対象に1年間、高校1年生を対象に1年間速読トレーニングを行いました。いずれの場合も読解スピードは伸び、速読後の問題正答率も高い数字を維持しました。つまり速読トレーニングをすることで**「より速くより正確に読む力」**が身についたのです。

この本には、私が行ってきた速読トレーニングを通して、効果的だったと思われるノウハウやアイディアをすべて盛り込みました。今までになかった速読トレーニング本を作りたいという思いからできあがったのがこの本です。この本を使って、ぜひみなさんの「速読力」=「英語力の土台となる筋力」を伸ばしていただきたいと思います。

2016年　中野達也（駒沢女子大学教授）

CONTENTS

ソクトレWPM成長シート　300語用

Lesson 01 ▸ 12

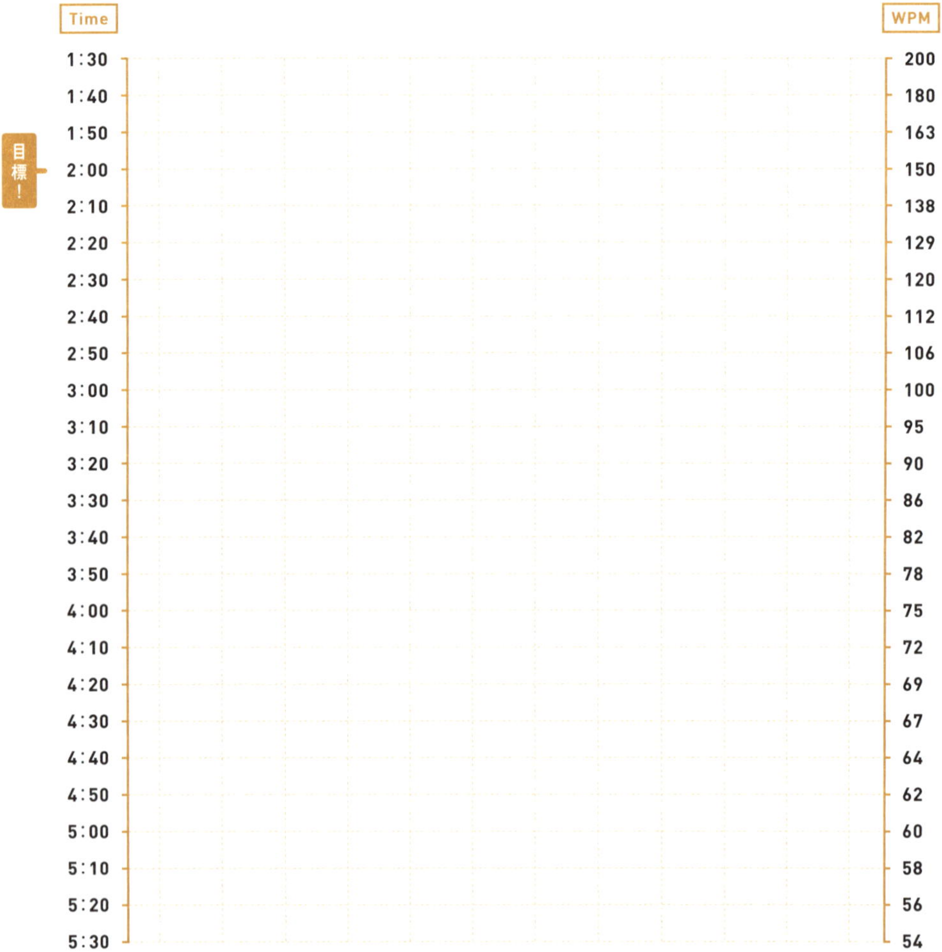

Lesson	01	02	03	04	05	06	07	08	09	10	11	12
WPM1												
正答数1												
WPM2												
正答数2												

長文を読むのにかかった時間(左軸)をグラフ上に、そこから導き出したWPM、True or False問題の正答数を表に記録しましょう(使い方はP.14参照)。

Lesson 13 ▸ 25

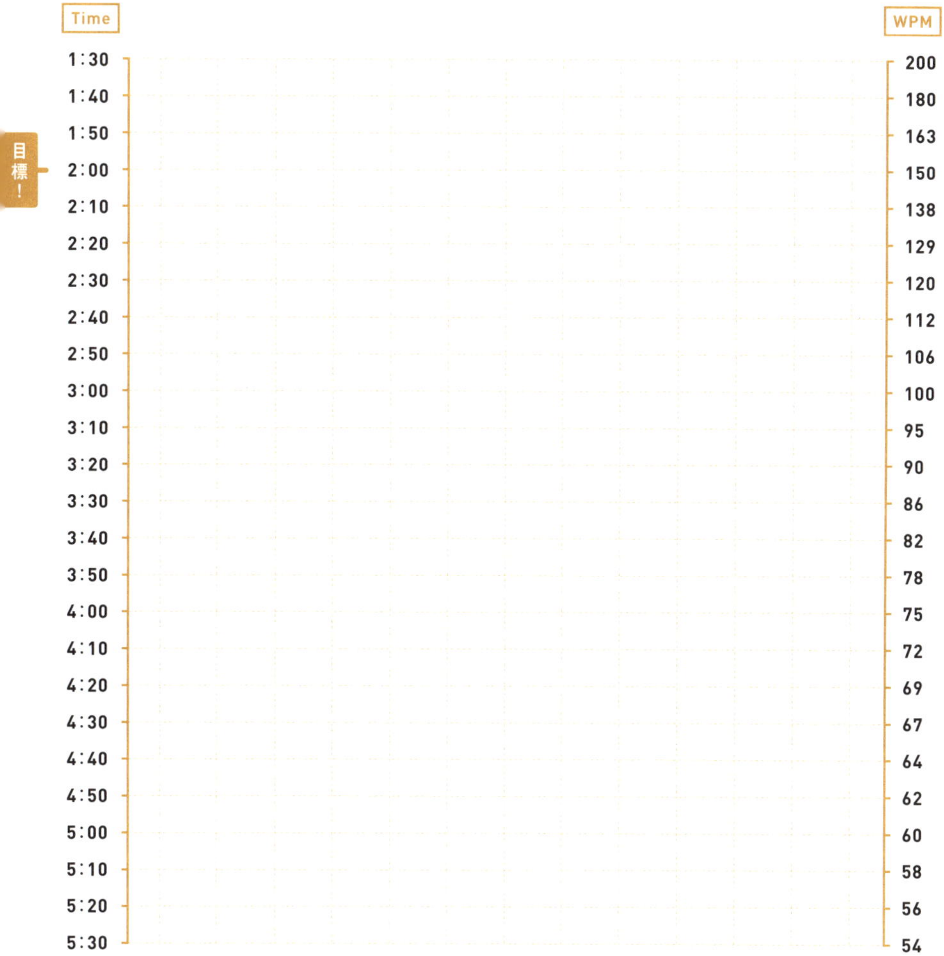

Lesson	13	14	15	16	17	18	19	20	21	22	23	24	25
WPM1													
正答数1													
WPM2													
正答数2													

おしえて! ソクドクター

ソクトレQ&A

時間を計って速読するのが大好きな「ソクドクター」。
いつもちょっと急いでいるソクドクターだけど、みんなを速読の
世界に導いてくれる頼もしい味方だよ。
そんなドクターに速読に関する疑問点を聞いてみよう!

Q 速読ってどんなスキル? ナゼ必要なの?

A 英語力を支える強い「筋力」。入試、英検、TOEICなどすべてに効く!

学校の英語の授業では、長文読解の学習といったら、ほとんどが「精読」のトレーニングなんじゃないかな。一文、一文、細かく区切って、意味や文法を確認しながら読み進めていく方法が一般的だね。

英文の構造をきちんと理解し、それを正確な日本語に訳していくことだって大切だよ。でも、入試をはじめ、英検やTOEICなどの資格試験といった、限られた時間の中である程度まとまった英文を読み終えなくてはならない時には、そんな読み方では時間がかかりすぎるよね。だから「速読」のトレーニングが必要なんだ。

「速読」といってもただ速く読めばいいわけではないよ。目を左から右にすばやく動かして英文に目を通して終わり、ではダメなんだ。ある程度内容を把握して(8割くらいわかれば上出来!)、読み終わった後でここに書かれていたことはこういうことだったと説明できるくらいでないとね。そんな、「より速くより正確に読む」スキルが本書で目指す「速読力」。この力がないともちろん入試も乗り越えられないし、逆にこの力があれば高校、大学はもちろん社会に出てからも、君の英語力を支える土台、筋力になるよ。やらないと伸びない力だけど、まじめにやれば絶対に伸びる力だから、必ず一冊やりきってみよう。

Q どのくらいの速さで読むの？

A 150wpmを目指そう。時間を計って継続すれば必ず速読力はアップする！

文章を読む速さはWPM（Words Per Minute）で表すよ。1分間に英語を何語読めるかを示すもので、読むのが速い人のWPMは高い数値になるし、読むのが遅いと低い数値になるんだ。音読と黙読でも違うし、人によっても違うけど、英語のネイティブスピーカーは200～400wpm、日本人の高校生平均は75wpm前後、大学生は100wpm前後と言われているよ。また、センター試験の長文問題を読み終えるためには120～130wpmが必要で、TOEICテストのリーディングセクションを最後まで解き終えるには150wpmが必要とも言われているんだ。

本書では、全員が「150wpm」という速度で読めるようになることを目指すよ。監修の中野達也先生によると、これは先生の過去10年間にわたる速読指導の中から導き出した数字なんだ。先生が以前勤務していた学校では……「中学3年生に対して行った速読トレーニングの結果、3回目くらいから平均109wpmとなり、その後徐々に上昇して最終読解速度は平均141wpm、速読後に行った問題の正答率も9割を超えました。また、高校1年生に対して行ったトレーニングでも、2学期には平均速度が144wpmになり、平均正答率は73.4%となりました。速読トレーニングによって"より速くより正確に読む"ことができるようになったのです。これらのデータから150wpmがひとつの目指すべき数値ではないかと考えました（中野先生談）」。

効果は実証済みってわけさ。本書では25本の長文を英検3級（250語前後）から英検準2級（350語前後）くらいまでの受験に対応できるよう約300語で統一してあるよ。語数を統一することで読むペースが保ちやすくなるし、WPMの成長も見えやすいんだ。時間を計って読んで、記録しながら継続すれば効果は必ず出るよ。ぜひとも最後までやりきって、より速くより正確に読む「速読力」を身につけてほしいな。

Q 速く読もうとすると理解が追いつかないのでは？

A 中学レベルのわかりやすい英文を使ってトレーニング！

本書では「より速くより正確に読む」速読力を身につけようとしているわけだけど、そうすると当然、「ゆっくり読めば内容は深く理解できる。でも、速く読んだら理解できないのでは？」という疑問が生まれるよね。

でも、学校では英語の教科書1レッスンを授業で2週間かけて読んだなんて体験はないかな。そして、そのやり方で2週間後に内容理解の問題を解いたとしても、前に読んだところのことは忘れてしまっているのではないかな。つまり、ゆっくり読んだからと言って必ずしも十分理解できるわけではないんだ。

また、ここで言う速読は、1分間に何千語も読むというようなスーパースピードリーディングではなく、1分間に150語くらい読めるようになるといいなというスピードだよ。そしてこの150wpmという速さも、あくまでも平均で、わかりやすいところではこれ以上の速さで読めるし、わかりにくいところでは少しペースを落とすのが自然な読み方なんだ。だから、速く読んだら理解できないのではと考える必要はなくて、トレーニングすればスピードと理解力の両方を身につけることができるよ。

本書では中学3年間で学ぶ語彙と文法を使って、速読のトレーニングにちょうどいいわかりやすい長文にしているよ。難しいと思われる単語には語注もつけてある。速さと理解のバランスをとりやすい英文にしているから、速読後のTrue or False問題で5問中4問正解する（8割）ことを意識しながら読んでみて。

❶ 長文と語注

約300語で構成された長文です。中学英語レベルよりも難しい語彙は、語句の下に意味を記しました。

❷ Time

毎回、時間を計りながら読みます。かかった時間をここに記入して、後でWPM成長シート（P.4-5）に記録しましょう。

❸ 動物アイコン

CDには読む速さのペースメーカーとなる音声が3種類収録されています。対応する動物の声が聞こえたときに読んでいるべき場所を示しています。

❹ 注目Words

長文の意味をつかむうえで重要な単語を集めています。

長文ページ
Let's Read!

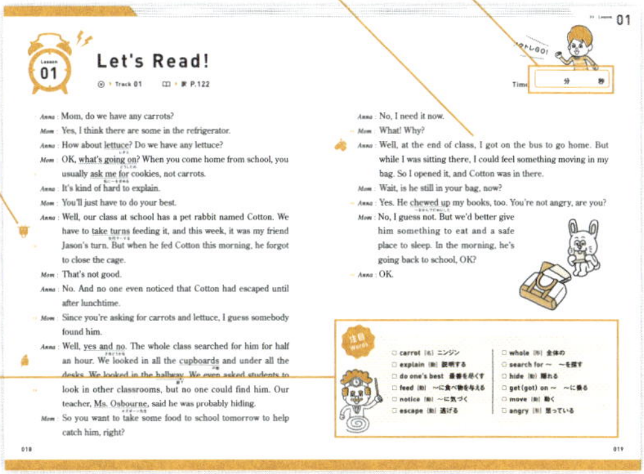

速読トレーニングパートの構成

本書は、1レッスン4ページ（長文2ページ＋問題2ページ）で構成されていて、
レッスンは25個あります。具体的な使い方はP.10-13へ。

問題ページ
Let's Answer!

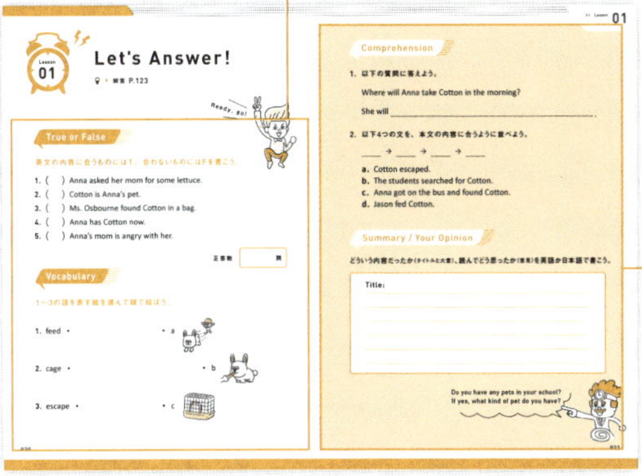

❺ True or False & Vocabulary

このページは、長文を読んだ後にすぐ解くべきシンプルな問題で構成されています。True or Falseは速読の理解度を判断する重要な要素なので、答え合わせをしたら正答数を記入して、後でWPM成長シート（P.4-5）に記録しましょう。

❻ Comprehension & Summary/Your Opinion

このページは、より深い読解が必要となる問題で構成されています。トレーニングに時間を割ける場合はこちらにも挑戦しましょう。

基本学習はたったの10分！

本書の使い方

START!

1

ストップウォッチまたはCDを用意

時間を計って長文を読むので、時計やストップウオッチを用意します（学校で行う場合には、プロジェクターや黒板、紙などを使って全員から見えるところに経過時間を掲示しましょう）。

また、まずはスピードに慣れたいという場合は、100/120/150wpmから速さを選んでCDのトラック26-28を再生しましょう。各長文の左に動物のアイコンがついており、その鳴き声が聞こえたときにそのアイコンの付近を読んでいれば、目標の速さで読めていることになります。遅れていても焦る必要はありません。音声が終了の合図を告げても、最後まで読み切るようにしましょう。

2:00~3:00

2

2分を目標に長文を読む

一文一文の正確な理解にこだわらず、全体の意味を把握することを念頭に最初から最後まで読み通します。読み終わったら、かかった時間をLet's Read! ページの所定の場所に記入しましょう。あまり細かく計測する必要はありません。本書では10秒単位で記録するようにしており、1分51秒でも1分59秒でも、それより早い時間、1分50秒と記録します。

語彙のパートを先にやっておいてもOK

長文は、なんの予備知識ももたずに読み始めます。ただ、もし語彙が難しいと感じるなら、先に右ページの「注目Words」に目を通したり、Let's Answer! ページのVocabularyをしてから長文にかかってもいいでしょう。自分の力に応じて適宜、使ってください。

語彙がわかれば
長文が読みやすいね

使い方は何通りもありますが、基本的な使い方なら1回の時間はわずか10分！
短い時間×25日（回）で一冊を終えられる無理のない学習手順を紹介します。

4 答え合わせ／CDで黙読

10:00

解答ページを見て答え合わせをしましょう。その後、CDに合わせて黙読をします。CDの読み上げ速度は150wpmなので、実際に英文を目で追いながら150wpmの速さを体感しましょう。

FINISH! 5 WPM成長シートへの記入

P.14の「WPM成長シートの使い方」を参考にして、かかった分数をグラフ上に点で記し、そこから導きだしたWPMとTrue or False問題の正答数を記入しましょう。

成長が見えるから
やる気が出る〜

3 すぐにTrue or False問題に取りかかる

5:00

長文内容を覚えているうちにTrue or False問題に取りかかります。この時の大事な約束事は、「決して本文を見ながら解いてはいけない」ということです。ある程度内容を理解し、記憶しながら読み進めるのが速読なので、読み直しては意味がありません。8割程度の理解を伴いながら読み、そしてその速度を徐々に上げていく──それが本書の目的です。この流れでVocabularyに取り組んでもよいでしょう。

余裕があれば Let's Answer! の右ページ問題に挑戦！

このトレーニングに割ける時間に応じて（学校で行うなら、ほかの人たちよりも速く読み終わった場合）、Let's Answer!の右ページに取り組みましょう。このページは何回でも心ゆくまで英文を読み返してかまいません。Summary / Your Opinionは、ソクドクターからの質問の答えも考えながら大意／意見、日本語／英語で、書けることを書きましょう。

ここまでやればグングン伸びる！

ここでは、速読力アップを加速させる音読トレーニング法を紹介。
ここまでやれば、150wpm超えも夢じゃない！

STEP 1

CDを聞いて 読み方を参考にしよう

まずはCDを聞いて、ひとつひとつの単語の発音や単語と単語のつながりの音、イントネーション、リズムなどを確認しましょう。たとえば、Let it go.を「レット・イット・ゴー」と3語別々に読むのではなく「レリゴゥ」のようにあたかも1語であるかのように読めば、それだけでも時間短縮になります。また、聞くときには鉛筆を持って、息の切れ目にスラッシュを入れてみましょう。息の切れ目は意味の切れ目です。

＼POINT／

リズムを大事に、
読み方のイメージを

STEP 2

英文を見ながら CDの音声と同時に読もう

（オーバーラッピング×3回）

STEP 1で読み方のヒントがわかったら、今度は英文を見ながらCDの音声と重ねて音読してみましょう。音読は声を出す分、黙読よりも時間がかかります。150wpmで読むことはちょっと大変だと感じるかもしれませんが、追いつかないからと言ってやめてしまわずに根気強く練習しましょう。STEP 1で書きこんだスラッシュを参考に、チャンク（P.67参照）を意識して読むといいでしょう。英文構造は全体のリズムやイントネーションとも深く関係しています。

＼POINT／

意味の切れ目を意識して
話者になったつもりで

STEP 3

英文を見ずにCDの音声を追いかけるつもりで読もう
（シャドーイング×3回）

見本音声から少し遅れて音読するシャドーイングでは、意味を考えながら読むことが大切です。そのためにはSTEP 2でも述べたようにチャンクを意識するといいでしょう。シャドーイングは簡単ではありませんが、はじめはなかなかうまく言えないところも、回数を重ねるごとに言えるようになりますので、あきらめず続けましょう。

＼POINT／

英文の意味を考えながら行うと効果大

STEP 4

ペースメーカーとなるトラックを使って自分だけで音読しよう

最後に自分だけで音読してみましょう。ある程度、速さが実現できていると感じたら、CDに収録されているペースメーカーとなるトラックを利用しましょう。動物の鳴き声が聞こえたときに、対応する動物のアイコンがある付近を読んでいれば、その速さをクリアしているということ。音読で150wpmが達成できれば、黙読はもう大丈夫です。先述したように、音読よりも黙読のほうがずっと速いのです。

＼POINT／

速さと理解のバランスがとれた状態が完成！

ここに示した回数はあくまでも目安だぞ。
シャドーイングや音読の回数を
増やせば増やすほど上手になるから
時間を見つけては練習してね。

WPM成長シートの使い方

速読の成長においては、時間を計ってその結果を目に見えるかたちにすることが大事。分析しながら継続して取り組めば、きっとグラフは緩やかな右肩上がりを描くはずです。

[記入方法]

① 読むのにかかった時間（○分○秒）を左の軸から探してグラフ上に点をつけます。本書では10秒単位で記録するようにしています。読み終わった時間が1分51秒でも1分59秒でも、それより早い時間、1:50と記録しましょう。5分30秒以上かかった場合は5:30に点をつけます。

② グラフ上につけた点を右にたどって、WPMを確認します。その数値を、グラフ下のマスに書き入れましょう。150wpmが目標です。

③ 速読直後に解いたTrue or False問題の正答数を記入します。正答率8割（4問正解）を目標にしましょう。

Lesson	01	02	03	04	05	06	07	08	09	10	11	12
WPM1	62	66	69	②								
正答数1	4	3	4	③								
WPM2												
正答数2												

[シートの見方・活用法]

1 自分のレベルを知ろう

本書を使い始めた人の多くが、速読にはじめて挑戦した人だと思います。まずは最初の数レッスンで自分のレベルを把握しましょう。焦って読んで内容が頭に入らないのではよくない、また、いくら正確に読み取れたからといって遅すぎるのもよくない。「より速くより正確に読む」ことが本書の目的なのです。おそらく3回目くらいで自分の読み方や特徴がわかってくるはずです。その時のWPMと正答数が今のあなたのレベルです。遅いからといって気にする必要はありません。少しずつ読解速度を上げていきましょう。

2 振り返って分析しよう

回数を重ねれば必ず前のレッスンよりも速く読めるようになるかというと、実はそれほど単純ではありません。目の動かし方やチャンク（P.67参照）のとらえ方は確実に上達しますが、読解速度は話の内容（読み手の興味関心や得意不得意）に大きく左右されます。したがって、グラフにすると上がったり下がったりと凸凹になるかもしれません。速度が遅くなったり正答数が下がったりしたときの長文内容は、あなたにとって苦手な分野の可能性があります。単語を確認したり、日本語訳を参考にしたり、日ごろからさまざまな話題に興味をもって、日本語の文章もたくさん読んだりすると苦手分野の克服につながります。

また、全般的にWPMは高いけれど正答数が少ない場合は、少しスピードを落として内容理解することに注力してみてください。逆に正答数は多いけれど、WPMが低い場合は、スピードを上げる努力をしてみましょう。

3 できれば2回使おう

速読トレーニングは、常に新しい英文を読まなくてはならないかというと、そんなことはありません。1度読んだくらいでは驚くほど記憶に残っていないものです。ですから、1周終わったら、できれば2周目に入りましょう。WPM成長シートの1回目よりも2回目のWPMや正答数は確実に向上するはずです。きっと記録をつけるのも楽しくなるでしょう。

グラフは上がったり下がったりしたとしても、総合的に見ると緩やかな右肩上がりで読解速度は速くなるよ。確実に成長するので、途中で投げ出すことなく最後までやり切ろう。

ダウンロード特典

1 CD音声がスマートフォンでも聞ける

CDに収録した音声のmp3ファイルを提供しています。
mp3プレーヤーで音声を聞くことができるほか、アルクが提供する無料アプリ「booco」を使えば、お手持ちのスマートフォンで聞くこともできます。

2 WPM成長シート

本書掲載（P.4-5）の「WPM成長シート」のPDFファイルを提供しています。
もっと大きくして使用したい場合や複数回使用したい場合にご利用ください。

上記のダウンロードおよびboocoの詳細は、以下センターでご確認ください。
アルク・ダウンロードセンター　https://portal-dlc.alc.co.jp

※ご利用には登録が必要です。また本サービスの内容は、予告なく変更する場合がございます。あらかじめご了承ください。
※ダウンロードセンターで本書を探す際、商品コード（7016064）を利用すると便利です。

CDの内容

1 Lesson 1-25の長文の読み上げ（150wpm）→Track 01-25

目標とするスピード（150wpm）のほか、発音、リズムなどの見本となる、ネイティブスピーカーによる長文読み上げ音声。

2 ペースメーカーBGM（100/120/150wpm）→Track 26-28

長文を読むトレーニングをするときのペースメーカーとなるBGMです。
速さには100wpm（Track 26）、120wpm（Track 27）、150wpm（Track 28）の3種類があります。途中で聞こえる動物の声が長文の左についている動物アイコンと対応しており、今、どこを読んでいるべきなのかというペースを作ります。

- 弊社制作の音声CDは、CDプレーヤーでの再生を保証する規格品です。
- パソコンでご使用になる場合、CD-ROMドライブとの相性により、ディスクを再生できない場合がございます。ご了承ください。
- パソコンでタイトル・トラック情報を表示させたい場合は、iTunesをご利用ください。iTunesでは、弊社がCDのタイトル・トラック情報を登録しているGracenote社のCDDB（データベース）からインターネットを介してトラック情報を取得することができます。
- CDとして正常に音声が再生できるディスクからパソコンやmp3プレーヤー等への取り込み時にトラブルが生じた際は、まず、そのアプリケーション（ソフト）、プレーヤーの製作元へご相談ください。

速読トレーニング START!

ソクトレ

さあ、いよいよ速読トレーニングのはじまりだよ!
用意はいいかな?
1日(回)1本の長文を読んで問題を解くだけ。
トレーニングすれば読解速度は必ず上がるので、
25日間、あきらめずにやりきろう。

Lesson 01-20

Let's Read! / Let's Answer!

ソクドクターの速読クリニック

Vol.01 / Vol.02

Lesson 01

Let's Read!

Track 01　訳 P.122

Anna : Mom, do we have any carrots?

Mom : Yes, I think there are some in the refrigerator.

Anna : How about lettuce (レタス)? Do we have any lettuce?

Mom : OK, what's going on (どうしたの)? When you come home from school, you usually ask me for (私に～を求める) cookies, not carrots.

Anna : It's kind of hard to explain.

Mom : You'll just have to do your best.

Anna : Well, our class at school has a pet rabbit named Cotton. We have to take turns (交代で～する) feeding it, and this week, it was my friend Jason's turn. But when he fed Cotton this morning, he forgot to close the cage.

Mom : That's not good.

Anna : No. And no one even noticed that Cotton had escaped until after lunchtime.

Mom : Since you're asking for carrots and lettuce, I guess somebody found him.

Anna : Well, yes and no (さあどうかな). The whole class searched for him for half an hour. We looked in all the cupboards (戸棚) and under all the desks. We looked in the hallway (廊下). We even asked students to look in other classrooms, but no one could find him. Our teacher, Ms. Osbourne (オズボーン先生), said he was probably hiding.

Mom : So you want to take some food to school tomorrow to help catch him, right?

Time 分 秒

Anna : No, I need it now.

Mom : What! Why?

Anna : Well, at the end of class, I got on the bus to go home. But while I was sitting there, I could feel something moving in my bag. So I opened it, and Cotton was in there.

Mom : Wait, is he still in your bag, now?

Anna : Yes. He chewed up (～をかんでだめにした) my books, too. You're not angry, are you?

Mom : No, I guess not. But we'd better give him something to eat and a safe place to sleep. In the morning, he's going back to school, OK?

Anna : OK.

注目 Words

- □ **carrot** [名] ニンジン
- □ **How about ～?** ～はどうですか
- □ **explain** [動] 説明する
- □ **do one's best** 最善を尽くす
- □ **feed** [動] ～に食べ物を与える
- □ **notice** [動] ～に気づく
- □ **escape** [動] 逃げる
- □ **whole** [形] 全体の
- □ **search for ～** ～を探す
- □ **hide** [動] 隠れる
- □ **get(got) on ～** ～に乗る
- □ **move** [動] 動く
- □ **angry** [形] 怒った

Lesson 01

Let's Answer!

解答 P.123

True or False

英文の内容に合うものにはT、合わないものにはFを書こう。

1. (　　) Anna asked her mom for some lettuce.
2. (　　) Cotton is Anna's pet.
3. (　　) Ms. Osbourne found Cotton in a bag.
4. (　　) Anna has Cotton now.
5. (　　) Anna's mom is angry with her.

正答数 [　　　　問]

Vocabulary

1～3の語を表す絵を選んで線で結ぼう。

1. feed •　　　　　　• a 

2. cage •　　　　　　• b 

3. escape •　　　　　　• c 

Comprehension

1. 以下の質問に答えよう。

Where will Anna take Cotton in the morning?

She will ____.

2. 以下4つの文を、本文の内容に合うよう並べよう。

_____ → _____ → _____ → _____

a. Cotton escaped.
b. The students searched for Cotton.
c. Anna got on the bus and found Cotton.
d. Jason fed Cotton.

Summary / Your Opinion

どういう内容だったか（タイトルと大意）、読んでどう思ったか（意見）を英語か日本語で書こう。

Title:

Do you have any pets in your school?
If yes, what kind of pet do you have?

Lesson 02

Let's Read!

Track 02　訳 P.124

It was a lovely Saturday afternoon in Tokyo. Jenny was sitting in a sunny café, waiting for her friend Yuko. Then, at exactly 2:00, there she was. "You were always on time," Jenny said, giving her friend a warm hug (ハグ（抱よう）). "Even when we were junior high school students!" Yuko smiled.

Many years ago, Yuko was an exchange student at a school in Ottawa (オタワ（カナダの首都）), Canada. Jenny was her classmate. The two talked about those old days.

"Do you remember that evening sleigh (そり) ride party?" said Jenny, sipping (〜を少しずつ飲みながら) her coffee. "There were two beautiful, strong horses pulling us. I lay back (あお向けになった) and looked up at all the stars. Oh, that was fun!"

"I sat on the edge (端) of the sleigh, but your brother kept pushing me off," said Yuko.

"Dan was so mean (意地の悪い) to you! What did he always call you?" Jenny asked.

Yuko rolled her eyes (目をぐるりとまわした). "He called me Spoonface. I hated it. I threw a snowball at him every time he called me that."

Jenny shook her head. "My brother! Dan was such a bad boy. I remember how he used to bump into (よく〜にぶつかったものだった) you when we were skating on the lake."

Both Yuko and Jenny were silent. They sat there thinking. Then, Jenny looked at her friend. "It's so interesting how you and Dan ended up (最後には〜になった) going to the same university in Canada," she said. "Oh,

Time 分 秒

Yuko, I'm so glad you could visit me here in Tokyo! I hope my brother can come with you next time. How long have you two been married now?"

Yuko put down her coffee cup and smiled. "It's been almost seven years!" she said. "You know what? He still calls me Spoonface. But now I think it's cute."

Yes, Jenny now lived in Tokyo, and Yuko lived in Canada. It's a global world!

注目 Words

- □ sunny ［形］ 日当たりの良い
- □ exactly ［副］ ちょうど
- □ on time 時間通りに
- □ exchange student ［名］ 交換留学生
- □ pull ［動］ ～を引く
- □ push ～ off ～を突き落とす
- □ hate ［動］ ～をひどく嫌う
- □ throw (threw) ［動］ ～を投げる
- □ shake (shook) ［動］ ～を振る
- □ silent ［形］ 沈黙した
- □ university ［名］ 大学
- □ married ［形］ 結婚した
- □ cute ［形］ かわいい

Lesson 02

Let's Answer!

解答 P.125

True or False

英文の内容に合うものにはT、合わないものにはFを書こう。

1. (　　) Yuko was waiting for Jenny.
2. (　　) Yuko and Jenny were classmates.
3. (　　) Two big dogs pulled the sleigh at the sleigh ride party.
4. (　　) Yuko and Jenny went to the same university.
5. (　　) Yuko and Dan are married.

正答数 (　　　　) 問

Vocabulary

1～3の語句に近い内容をa～cから選ぼう。

1. (　　) remember
2. (　　) university
3. (　　) skate

a. to move or slide on ice in special shoes

b. the school that students go to after high school

c. to keep something in your mind

Comprehension

1. 以下の質問に答えよう。

Where did Yuko live as an exchange student?

She ____.

2. [　　] に入るのに最も適当なものを下から1つ選ぼう。

Dan bumped into Yuko when [　　　　　].

a. they were on a sleigh ride
b. they were throwing snowballs
c. they were skating on a lake
d. they were in the classroom

Summary / Your Opinion

どういう内容だったか（タイトルと大意）、読んでどう思ったか（意見）を英語か日本語で書こう。

Title:

Do you have a friend
who lives in a foreign country?
What is his or her name?

Lesson 03

Let's Read!

Track 03　　訳 P.126

Do you know what a *taiyaki* is? It's a traditional Japanese snack（軽食） that looks like a fish but tastes like a pancake filled with red bean paste（あんこ）. The "yaki" in taiyaki means "baked" and "tai" means "sea bream,（鯛）" a type of delicious fish. But, actually, a taiyaki does not contain（～を含む） any fish at all. In Japan, the sea bream is seen as a "lucky fish" and is often served at celebrations or at other happy events. That's one reason why taiyaki treats（おやつ） are so popular all over Japan. These days, in addition to（～に加えて） red bean paste, you can enjoy many types of fillings（中身）, including custard cream and chocolate.

A long time ago, people had heated（白熱した） discussions about whether（～かどうか） there should be red bean paste in the tail. Some people said there shouldn't be because:

1) The tail is like a handle. People use it to pick up the taiyaki and eat it with their fingers.

2) The tail should be left plain to help balance the sweetness（甘さ） of the red bean paste.

Other people said there should be because:

1) They feel they are being cheated（だまされている） if there's no red bean paste in the tail.

2) They feel they are getting more value for their money when there is red bean paste in the tail.

These days, a taiyaki almost always has red bean paste in its tail. But there is another topic that people like to discuss. Is it better

Time　　分　　秒

manners to start eating a taiyaki by its head or by its tail? One questionnaire (アンケート) reported that 80 percent of the people who answered started with the head and 20 percent with the tail.

My mother has a different idea. She says you should break a taiyaki in two and start with the red bean paste. I think she's right!

注目 Words

- □ **traditional** [形] 伝統的な
- □ **fill ~ with ...** ～を…で満たす
- □ **serve** [動] (食事)を出す
- □ **celebration** [名] お祝い
- □ **reason** [名] 理由
- □ **including** [前] ～を含めて
- □ **discussion** [名] 議論
- □ **tail** [名] しっぽ
- □ **leave (left)** [動] ～を残す
- □ **value** [名] 価値

Lesson 03

Let's Answer!

解答 P.127

True or False

英文の内容に合うものにはT、合わないものにはFを書こう。

1. (　　) A taiyaki is a type of baked sea bream.
2. (　　) A taiyaki used to contain fish in its tail.
3. (　　) A taiyaki has two types of filling.
4. (　　) According to a questionnaire, most people start eating a taiyaki by its head.
5. (　　) The writer agrees with his/her mother's idea about the best way to start eating a taiyaki.

正答数 [　　　　] 問

Vocabulary

1～3の語句に近い内容をa～cから選ぼう。

1. (　　) popular
2. (　　) discuss
3. (　　) handle

a. liked by a lot of people

b. the part of a thing you use for holding

c. to speak with others about something

Comprehension

1. 以下の質問に答えよう。

What is special about the sea bream?

It is seen as a "lucky fish" and is ______________________________.

2. [ ] に入るのに最も適当なものを下から1つ選ぼう。

One of the heated discussions about taiyaki is [ ].

a. whether we should cut it in half when we eat it
b. whether there should be red bean paste in the tail
c. whether there should be custard cream or chocolate in it
d. whether we should serve taiyaki at celebrations

Summary / Your Opinion

どういう内容だったか（タイトルと大意）、読んでどう思ったか（意見）を英語か日本語で書こう。

Title:

Do you start eating a taiyaki by its head, or by its tail?

Lesson 04

Let's Read!

Track 04 訳 P.128

Everyone knows the name “Disneyland,” but do you know where that name came from? There was once a man named Walt Disney (ウォルト・ディズニー). He was born in Chicago (シカゴ（アメリカの都市）) in 1901 and loved to draw pictures. He studied art for many years and learned about animation. In 1928, he drew a picture of a little mouse and gave the mouse a funny voice. The mouse’s name was Mickey. He became very popular. Disney made many short cartoons using Mickey Mouse and other characters, like Minnie Mouse, Donald and Daisy Duck and two dogs named Goofy and Pluto. All of these characters are very cute and very funny.

Soon, Disney began making long films. Most of them came from children’s stories. People love Disney movies because they are stories about our hopes and dreams. “Pinocchio” is about a doll made of wood who becomes a real boy. “Dumbo” is about an elephant that can fly. “Peter Pan” is about a boy who doesn’t want to grow up. “Mary Poppins” is about a magical woman who takes care of children. All of these movies help us imagine a beautiful, perfect world where we can be happy.

Walt Disney wanted his dream of a beautiful, perfect world to become a real place. And so, in 1955, he opened Disneyland in California. Disneyland has a few different areas. Some areas help us remember history. Others help us dream about the future. All of these areas are full of bright lights and fun music. Going to

Time 分 秒

Disneyland is a very special experience. It gives people very happy memories.

Walt Disney died in 1966, but his company continues to make wonderful movies. People still enjoy the magic worlds they can find in them. Walt Disney is an important part of American history. Disney movies and characters are also popular around the world.

注目 Words

- □ once ［副］ かつて
- □ be born　生まれる
- □ cartoon ［名］ マンガ
- □ hope ［名］ 希望
- □ wood ［名］ 木材
- □ grow up　大人になる
- □ magical ［形］ 魔法使いの
- □ take care of ～　～の世話をする
- □ imagine ［動］ ～を想像する
- □ perfect ［形］ 完ぺきな
- □ history ［名］ 歴史
- □ be full of ～　～でいっぱいである
- □ bright ［形］ 明るい
- □ experience ［名］ 経験
- □ memory ［名］ 思い出
- □ die ［動］ 亡くなる
- □ company ［名］ 会社

Lesson 04

Let's Answer!

解答 P.129

True or False

英文の内容に合うものにはT、合わないものにはFを書こう。

1. (　　) Donald and Daisy are the names of dogs.
2. (　　) Walt Disney was born in Canada.
3. (　　) Walt Disney studied art.
4. (　　) "Mary Poppins" is about a magical woman.
5. (　　) Disneyland can help us remember history.

正答数 　　　問

Vocabulary

1～3の語を表す絵を選んで線で結ぼう。

1. funny •　　　　• a 

2. magic •　　　　• b 

3. dream •　　　　• c 

Comprehension

1. 以下の質問に答えよう。

What does going to Disneyland give people?

It ____.

2. 以下4つの文を、本文の内容に合うよう並べよう。

_____ → _____ → _____ → _____

a. Disney died.
b. Disney drew Mickey.
c. Disney was born.
d. Disneyland opened.

Summary / Your Opinion

どういう内容だったか(タイトルと大意)、読んでどう思ったか(意見)を英語か日本語で書こう。

Title:

Have you been to Disneyland?
Did you like it?

Lesson 05

Let's Read!

Track 05　訳 P.130

When Kyle Madden (カイル・マッデン) was 12, he became very ill and was in the hospital for several weeks. In order to cheer Kyle up, his parents promised that they would buy him a puppy (子犬) as soon as he was well. The new dog was an adorable (かわいらしい) Labrador retriever (ラブラドール・レトリーバー) puppy, and Kyle named him Pistachio (ピスタチオ). Over the next couple of years (2、3年), Kyle and Pistachio became best friends.

Kyle and his family lived on a small farm in western Oklahoma (オクラホマ（アメリカの州）). One day, as Kyle was watching TV, Pistachio ran to the door, barking (ほえながら). Kyle thought that someone had come to visit, so he opened the door to look. But there was no one outside. Instead, Pistachio pushed past (～を押しのけた) Kyle and ran into the yard. He kept barking, and then he ran off around the side of the house.

That was when Kyle saw the black clouds.

Kyle's mother looked out the kitchen window and saw the clouds approaching (近づいている). "It's a tornado (トルネード（大竜巻）)!" she shouted. "Get down (降りなさい) to the basement (地下室)! Now!"

"But Pistachio's outside!" Kyle said.

"Get downstairs (階下へ), now!" said his father, who had just run in. "I'll find the dog."

Kyle went downstairs with his mother to wait, and his father went outside, calling for Pistachio. He called and called, but all he could hear was the noise of the tornado. The wind was so strong that he could barely (～するのがやっと) stand. The tornado was much too close. There

Time 分 秒

was nothing Kyle's father could do but hurry back inside. Together, the little family waited in the basement and prayed (祈った).

Fifteen minutes later, the tornado was gone. Kyle and his parents went outside. Several trees were lying broken in the road. Their truck was on its side (横倒しになった) in the field, and the house had five or six broken windows.

There was no sign of Pistachio.

注目 Words

- □ ill [形] 病気で
- □ several [形] いくつかの
- □ in order to ～ ～するために
- □ cheer ～ up ～を元気づける
- □ promise [動] ～を約束する
- □ as soon as ～ ～するとすぐに
- □ instead [副] その代わりに
- □ yard [名] 庭
- □ cloud [名] 雲
- □ shout [動] 叫ぶ
- □ noise [名] 騒音
- □ close [形] ごく近い
- □ lie (lying) [動] 横たわる

Lesson 05

Let's Answer!

解答 P.131

True or False

英文の内容に合うものにはT、合わないものにはFを書こう。

1. (　　) Pistachio was sick when he was a puppy.
2. (　　) Kyle and his family lived on a farm.
3. (　　) Pistachio noticed a tornado.
4. (　　) Pistachio was hiding in the basement.
5. (　　) The tornado knocked down the family's house.

正答数 [　　　　問]

Vocabulary

1～3の語句に近い内容をa～cから選ぼう。

1. (　　) hospital
2. (　　) farm
3. (　　) yard

a. a place where sick or injured people are given treatment
b. an area of land used for growing vegetables or keeping animals
c. the area around a house

Comprehension

1. 以下の質問に答えよう。

What happened when Kyle opened the door to look outside?

Pistachio ____.

2. 以下4つの文を、本文の内容に合うよう並べよう。

_____ → _____ → _____ → _____

a. Kyle waited with his family in the basement.
b. Kyle's family gave him a puppy.
c. Pistachio ran somewhere.
d. The family saw the damage from the tornado.

Summary / Your Opinion

どういう内容だったか（タイトルと大意）、読んでどう思ったか（意見）を英語か日本語で書こう。

Title:

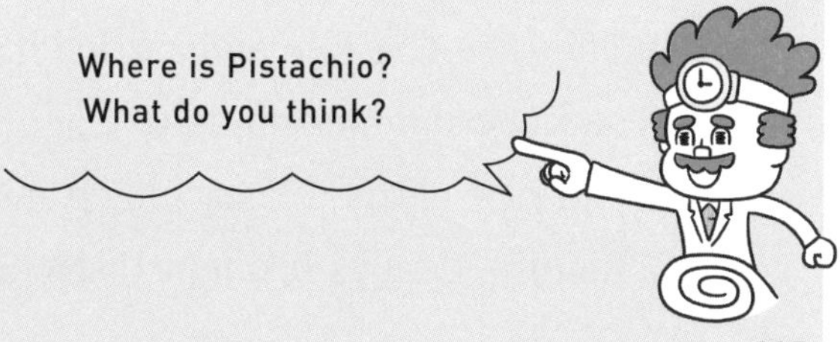
Where is Pistachio?
What do you think?

Lesson 06

Let's Read!

Track 06　　訳 P.132

Two kilometers away from the Madden farm, Ben Grady (ベン・グレーディ) and his wife, Ellie, had not been so lucky. They were alive, but the tornado had torn their home to pieces (彼らの家をズタズタに破壊した). Their barn (納屋) had been damaged, and their farming equipment (農具), too. Ben and his wife were still in shock. They felt like they were in a bad dream, as they walked around the ruined (破壊された) house. Ellie found a picture of her mother in a broken frame, and her eyes filled with tears.

As Ben was comforting (〜をなぐさめていた) Ellie, he heard a different kind of crying. He looked around, but he couldn't tell where it was coming from. It was a strange yelping (キャンキャン鳴いている) sound, almost like a dog. But Ben and Ellie didn't own a dog. Together, they followed the sound into the backyard. Looking up, high in a tree, Ben saw the shape of a muddy (泥まみれの), brown dog. It seemed to be standing in the branches on its hind (後ろの) legs. Ben found a ladder (はしご) in the barn (納屋), and he climbed up into the tree to help the crying animal.

The dog was bleeding (血を流していた) and bruised (あざができた), and terribly frightened (怖がった). Ben soon realized that it was not standing — it was hanging by its collar (首輪) on a thick branch. The dog must have been carried through the air by the tornado, only to land in this tree. It was lucky to be alive! Ben lifted the dog free and carried it back down the ladder. There was a phone number on its tag (下げ札), and a name: Pistachio. Together, Ben and Ellie cleaned Pistachio up and took him to the vet (獣医).

When the Gradys brought Pistachio home, Kyle was overjoyed (大喜びした)

Time 分 秒

to see his best friend again. And the Madden family offered to do all they could to help the Gradys rebuild their home.

注目 Words

- □ **alive** [形] 生きている
- □ **damage** [動] ～に損害を与える
- □ **tear** [名] 涙
- □ **own** [動] ～を所有する
- □ **follow** [動] ～について行く
- □ **seem** [動] ～のように思われる
- □ **branch** [名] 枝
- □ **climb** [動] 登る
- □ **realize** [動] ～に気づく
- □ **hang** [動] ぶら下がる
- □ **carry** [動] ～を運ぶ
- □ **lift** [動] ～を持ち上げる
- □ **offer to do** ～することを申し出る

Lesson 06

Let's Answer!

解答 P.133

True or False

英文の内容に合うものにはT、合わないものにはFを書こう。

1. (　　) The tornado had destroyed Ben and Ellie's house.
2. (　　) Ellie found the dog in the house.
3. (　　) Ben called the fire department to rescue the dog.
4. (　　) The dog was hanging by its collar.
5. (　　) Ben and Ellie decided to keep the dog.

正答数 　　　　問

Vocabulary

1～3の語句に近い内容をa～cから選ぼう。

1. (　　) damage
2. (　　) alive
3. (　　) rebuild

a. to build something again

b. to reduce something's value or usefulness

c. not dead

Comprehension

1. 以下の質問に答えよう。

How did Ben and Ellie know the dog's name?

The dog's name ______________________________.

2. [ ] に入るのに最も適当なものを下から1つ選ぼう。

In the story, Kyle's family [ ] .

a. took Pistachio to the vet
b. offered to help Ben and Ellie
c. found Ellie in the ruined house
d. called Ben and Ellie seconds after the tornado

Summary / Your Opinion

どういう内容だったか（タイトルと大意）、読んでどう思ったか（意見）を英語か日本語で書こう。

Title:

If you see a tornado coming,
what should you do?

Lesson 07

Let's Read!

Track 07 訳 P.134

I can't believe we're already halfway (半ばの) through the summer. I've been at summer camp for two weeks now. It's been way (はるかに) more fun than I thought it would be. I guess that's why I haven't been writing in my diary lately (最近). There's so much to do every day. Then at the end of the day, I'm too tired to write! I don't know why my sister was so homesick when she went to camp. She said it was the longest two weeks of her life and that she cried every night. She's so weird (変な).

A few days ago, we played Capture the Flag, and my team won. That was probably my favorite day so far (今までのところ). The team captains were both boys, and when they picked the team members, they picked all the girls last. They probably thought we wouldn't be good at it. But I was the one that got the other team's flag! That should teach them not to mess with (〜に口出しをする) girls. We played in the forest, and I'm really good at sneaking up on (〜にこっそりと近づく) people.

Yesterday, they taught us how to use a canoe (カヌー). There were two of us in each canoe, and we had to learn how to paddle (パドルでこぐ) and steer (進む) and everything. We went all the way around the lake. We even saw two beavers (ビーバー) swimming together. The funniest part was when one of the counselors (指導員) stood up in his canoe, lost his balance and fell into the lake by accident (あやまって). We couldn't stop laughing. Even the other counselors laughed.

We have campfires every night, too, except when it rains.

Time 分 秒

Sometimes, the counselors try to make us sing stupid (つまらない) camping songs. But other times, they tell ghost stories or teach us the names of the different stars. Sometimes, we just sit around (ダラダラとすごす) roasting (～を焼きながら) marshmallows and talking. It's great.

注目 Words

- □ believe ［動］～を信じる
- □ guess ［動］～と思う
- □ too ～ to ... ～すぎて…できない
- □ win (won) ［動］勝つ
- □ pick ［動］～を選ぶ
- □ be good at ～ ～が得意である
- □ forest ［名］森
- □ lose (lost) ［動］～を失う
- □ fall (fell) into ～ ～に落ちる
- □ laugh ［動］笑う
- □ except ［前］～を除いて

Lesson 07

Let's Answer!

解答 P.135

True or False

英文の内容に合うものにはT、合わないものにはFを書こう。

1. (　　) The writer is at summer camp right now.
2. (　　) The writer's sister has been to summer camp.
3. (　　) The writer is a boy.
4. (　　) The writer fell into the lake while canoeing.
5. (　　) The writer had to sing camping songs.

正答数　　　　問

Vocabulary

1～3の語を表す絵を選んで線で結ぼう。

1. flag •　　　　• a 

2. lake •　　　　• b 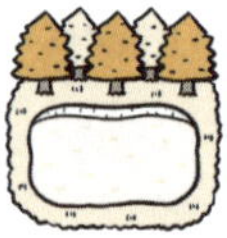

3. fun •　　　　• c 

Comprehension

1. 以下の質問に答えよう。

Why did the campers go out on the lake?

They went out on the lake to learn ______________________.

2. ［　　］に入るのに最も適当なものを下から1つ選ぼう。

The writer says ［　　　　］.

a. they never have campfires
b. they have campfires nearly every night
c. they only have campfires when it rains
d. they cook dinner over a campfire

Summary / Your Opinion

どういう内容だったか(タイトルと大意)、読んでどう思ったか(意見)を英語か日本語で書こう。

Title:

Where did you go for summer vacation
last year? What did you do there?

Lesson 08

Let's Read!

Track 08　　訳 P.136

A famous saying (格言) goes, "If you educate a girl, you educate a nation (国)." Japan is one country that is living up to (～の期待にこたえている) this saying. A train station in Hokkaido stayed open for three extra years just to help "educate a girl."

Kana was a teenager who lived in Shirataki, a small place with only 36 people. The town used to (以前は～したものだった) be larger, but many people left it to move to the cities. In 2012, the Hokkaido Railway Company decided to close Kana's local station, Kyu-Shirataki Station, because there were so few customers. But then the company learned that Kana needed that station to get to her closest high school, which was 35 minutes away. The train company changed its mind (その考えを変えた) and decided to keep that quiet station open just for her!

Every school day, Kana caught her train at 7:16 a.m. Every school day, she got off the train at exactly 4:53 p.m. Some days, after her club activities, she had to run hard to catch her train home. When she was on holiday from school, the trains didn't stop at Kyu-Shirataki Station at all. They passed right by. The train company matched (～を合わせた) its own schedule to her class schedule! Most days, she was the only person on the train.

The station finally shut (～を閉めた) its doors after Kana graduated from high school in March 2016. Kana said she was sad to see the station close. "I got on and off at this station for the past three years, and this station's presence (存在) has become something I have taken for

Time 分 秒

granted（当たり前と思っていた）," she said. "I do feel sad to think that it will disappear. I am now filled with gratitude（感謝）."

On the station's last day, residents（住民） gathered to say goodbye. A banner（幕） was placed there that read: "Kyu-Shirataki Station, 69 years, thank you!"

注目 Words

- □ educate ［動］ ～を教育する
- □ extra ［形］ 余分の
- □ customer ［名］ 客
- □ catch (caught) ［動］ ～に（飛び）乗る
- □ get (got) off ～ ～を降りる
- □ pass ［動］ 通過する
- □ finally ［副］ ついに
- □ graduate from ～ ～を卒業する
- □ sad ［形］ 悲しい
- □ past ［形］ 過去の
- □ disappear ［動］ 姿を消す
- □ gather ［動］ 集まる

Lesson 08

Let's Answer!

解答 P.137

True or False

英文の内容に合うものにはT、合わないものにはFを書こう。

1. (　　) "If you educate a girl, you educate a boy" is a famous saying.
2. (　　) There used to be more people in Shirataki.
3. (　　) The train company decided to keep Kyu-Shirataki Station open for Kana.
4. (　　) The trains stopped at Kyu-Shirataki Station every day.
5. (　　) The station was closed just before Kana's graduation day.

正答数 　　　問

Vocabulary

1～3の語句に近い内容をa～cから選ぼう。

1. (　　) teenager
2. (　　) customer
3. (　　) sad

a. a person whose age is from 13 to 19

b. not happy

c. someone who pays money for something

Comprehension

1. 以下の質問に答えよう。

What time did Kana get on and off the train?

She ____.

2. 以下4つの文を、本文の内容に合うよう並べよう。

____ → ____ → ____ → ____

a. The train company decided not to close the station so Kana could get to school.
b. Kyu-Shirataki Station was finally closed in March 2016.
c. The Hokkaido Railway Company decided to close Kyu-Shirataki Station in 2012.
d. The train company adjusted its schedule to Kana's class schedule.

Summary / Your Opinion

どういう内容だったか（タイトルと大意）、読んでどう思ったか（意見）を英語か日本語で書こう。

Title:

What time do you go to school every day? How do you get there?

Lesson 09

Let's Read!

Track 09　訳 P.138

Michael lives in California. Last year, he visited Japan. One day, he saw his new friend Sachiko walking on the street. Michael said, "Hi, Sachiko. Do you want to go to a baseball game with me on Saturday? The Kyoto Koalas (京都コアラズ) are playing the Texas Teddy Bears (テキサステディベアーズ). It's a special international match. I think it will be really exciting."

"Thank you, Michael, but I can't. I have soccer club practice all day on Saturday. And those are funny names for baseball teams. I don't think they are real. Did you make them up?" asked Sachiko.

"You're right," said Michael. "They're not real teams. But don't you have soccer practice after school every day? Why do you practice on Saturday, too?"

Sachiko was surprised. "We always practice on Saturdays. We often practice on Sundays, too. Don't school clubs meet on weekends in the United States?" she asked.

"We don't really have school clubs in junior high school. A lot of kids have special classes on weekends, like music lessons or sports, but they're not at school. And we only do them once a week. I play tennis on Saturdays. My friend's father is my coach. His name is Mr. Jones."

"Our coaches are all teachers at our school."

"We never see our teachers on weekends. Do all junior high school students join clubs?" asked Michael.

"Yes, almost everyone joins a club. Clubs are not just for practice.

Time 分 秒

We also make friends with other club members. We learn how to work together and help each other," said Sachiko.

"Wow! That sounds difficult ... but fun!" said Michael.

"Michael, why did you make up those funny baseball team names?" asked Sachiko.

Michael said, "I wanted to make you smile. You look pretty when you smile."

Sachiko was surprised again. "Thank you, Michael. You're a nice boy. I'm glad we are friends."

注目 Words

- □ **international** [形] 国際的な
- □ **match** [名] 試合
- □ **exciting** [形] わくわくさせる
- □ **practice** [名] 練習
- □ **surprised** [形] 驚いた
- □ **kid** [名] 子ども
- □ **join** [動] ～に参加する
- □ **make friends with ～** ～と友だちになる
- □ **each other** お互い

Lesson 09

Let's Answer!

解答 P.139

True or False

英文の内容に合うものにはT、合わないものにはFを書こう。

1. (　　) Sachiko practices soccer every Saturday.
2. (　　) The Texas Teddy Bears are a real baseball team.
3. (　　) Mr. Jones is a baseball coach.
4. (　　) Michael sees his teachers every weekend.
5. (　　) Sachiko thinks Michael is a nice boy.

正答数 [　　　　　問]

Vocabulary

1～3の語句に近い内容をa～cから選ぼう。

1. (　　) weekend
2. (　　) practice
3. (　　) smile

a. to make the corners of your mouth turn up

b. Saturday and Sunday

c. to do something to get better at it

Comprehension

1. 以下の質問に答えよう。

What do kids learn from school club activities?

They learn ______________________ and ________________ .

2. [　　] に入るのに最も適当なものを下から1つ選ぼう。

Michael plays [　　　] on Saturdays.

a. baseball **b.** soccer
c. tennis **d.** volleyball

Summary / Your Opinion

どういう内容だったか（タイトルと大意）、読んでどう思ったか（意見）を英語か日本語で書こう。

Title:

Are you in a club?
Do you have club practice
on weekends?

Lesson 10

Let's Read!

Track 10　訳 P.140

Kate is only 5 years old, but her parents thought she should start learning math. They hired (〜を雇った) a private teacher (家庭教師). At their first lesson, the teacher gave Kate a little quiz to see how much she knew. "If your father gives you two rabbits and then two more, and then he gives you another two, how many rabbits will you have?"

"Seven!" Kate answered quickly.

The teacher then said to her, "Listen carefully, Kate. If your father gives you two rabbits and then two more, and then he gives you another two, how many rabbits will you have?"

"Seven!" Kate said again, with great confidence.

The teacher decided to change the question a little. "OK, Kate. What about this? If your mother gives you two apples and then two more, and then she gives you another two, how many apples will you have?"

"Six!" Kate answered.

"Well done, Kate! You have the correct answer. OK, I am going to ask you the rabbit question again. Your father gives you two rabbits, and then he gives you two more rabbits, and then he gives you another two rabbits. How many rabbits do you have?"

Kate stared at (〜をじっと見た) the teacher and answered, "Seven!"

The teacher was at a complete loss (まったくのお手上げだった) as to what to do. She said very slowly and calmly, "Why can you count apples but you can't count rabbits? Two plus two plus two is six! Right?"

Time 分 秒

"Right."

The teacher thought deeply. "Oh … does it have something to do with (～と関係がある) the person who gives it to you? If your father gives you something, then you have seven. But if your mother gives you something, then you have six. Is that right?"

"No, ma'am," Kate answered, looking a little surprised. "It's only because I already have one rabbit. It's in my bedroom."

注目 Words

- □ **quiz** [名] 問題
- □ **carefully** [副] 注意深く
- □ **confidence** [名] 自信
- □ **correct** [形] 正しい
- □ **calmly** [副] 穏やかに
- □ **count** [動] ～を合計する
- □ **plus** [前] ～を足して
- □ **deeply** [副] 深く

Lesson 10

Let's Answer!

解答 P.141

True or False

英文の内容に合うものにはT、合わないものにはFを書こう。

1. (　　) Kate started learning math with a private teacher.
2. (　　) Kate answered the first question confidently.
3. (　　) Kate cannot add up simple numbers.
4. (　　) The private teacher thought that Kate could not count rabbits.
5. (　　) Kate has seven rabbits in her house.

正答数 [　　　] 問

Vocabulary

1～3の語句に近い内容をa～cから選ぼう。

1. (　　) math
2. (　　) count
3. (　　) lesson

a. to calculate the total number of things

b. the time for learning

c. addition and subtraction, multiplication, etc.

Comprehension

1. 以下の質問に答えよう。

How many rabbits does Kate have in her room?

____.

2. 以下4つの文を、本文の内容に合うよう並べよう。

____ → ____ → ____ → ____

a. Kate explained why she answered the rabbit questions with "seven."
b. Kate answered the second rabbit question with "seven" again.
c. Kate answered the apple question with "six."
d. Kate answered the first rabbit question with "seven."

Summary / Your Opinion

どういう内容だったか（タイトルと大意）、読んでどう思ったか（意見）を英語か日本語で書こう。

Title:

Are you good at math?
If you are not,
what is your favorite subject?

Lesson 11

Let's Read!

Track 11　　訳 P.142

Good morning, everyone. My name is Lisa Henderson (リサ・ヘンダーソン), and I'd like to take a couple of minutes (2、3分) to tell you about the Jefferson Junior High Photography Club (写真部). First of all, thank you, Principal Finnegan (フィネガン校長先生), for letting us have a little time to talk during morning assembly (朝礼). We've made flyers (チラシ) and posters, but we still want more members!

I know you all have a camera on your cellphone. But do you sometimes look at other people's photos and wonder, "Why don't my photos look that good?" Do you want to take vacation photos that your friends will love? Do you want to learn how to take a better selfie (自分撮り撮影)? Would you like to take fashion photos of your friends? And would you like to learn how to use a professional camera? Well, the camera club will teach you all of these things. We have several different cameras that you can try. And after you learn how to take beautiful pictures on a full-sized (フルサイズの) camera, you might never want to use your cellphone camera again.

We meet every Thursday evening after school. Sometimes we practice photography (写真撮影) here in the school, but we also go to other places around the neighborhood. Last year, the club even traveled to Turtle Lake (タートル湖) for a nature photography weekend.

If you have a yearbook (卒業アルバム) from last year, you've already seen some of our photos. Every year, it's our job to take photos of school sports events, festivals and assemblies (集会). So if you want lots of people

Time ＿＿分＿＿秒

to see your pictures, this is your chance! Your classmates will keep those yearbooks forever. But more importantly (重大なことには), I hope you'll join us because photography is fun! So, if you want to try it, there is a sign-up sheet (登録用紙) outside the cafeteria, or you can talk to me. Thanks for listening!

注目 Words

- □ first of all　まず
- □ let (人) ～　(人)に～させる
- □ during [前] ～の間
- □ cellphone [名] 携帯電話
- □ wonder [動] ～かしらと思う
- □ professional [形] 専門的な
- □ neighborhood [名] 近所
- □ travel [動] 旅行する

Lesson 11

Let's Answer!

解答 P.143

True or False

英文の内容に合うものにはT、合わないものにはFを書こう。

1. (　　) The speaker is looking for new members for a photography club.
2. (　　) The club only uses cellphone cameras.
3. (　　) The club meets on Thursdays.
4. (　　) The school is at Turtle Lake.
5. (　　) The club sign-up sheet will be in the yearbook.

正答数　　　　問

Vocabulary

1～3の語を表す絵を選んで線で結ぼう。

1. photo •　　　　• a 

2. cellphone •　　　　• b 

3. travel •　　　　• c 

Comprehension

1. 以下の質問に答えよう。

Where can students see the club's photos?

They can see the club's photos ______________________.

2. [ ] に入るのに最も適当なものを下から1つ選ぼう。

The speaker says [ ].

a. the club has several fashion models
b. the club has too many members
c. the club has its own cafeteria
d. the club has several different cameras

Summary / Your Opinion

どういう内容だったか(タイトルと大意)、読んでどう思ったか(意見)を英語か日本語で書こう。

Title:

What kind of pictures
do you want to take with your camera?
Tell me the reason.

Lesson 12

Let's Read!

Track 12　　訳 P.144

Hello, everyone. I hope you're enjoying your time here in Malaysia. We are now on our second day of the tour of Kuala Lumpur (クアラルンプール（マレーシアの首都）). In a few minutes, we will go into the beautiful Batu Caves (バトゥ洞窟). As you can see from here, it will be quite a climb (かなり急な上り). There are 272 steps to the top. So I hope you're all feeling in good shape (体調が良い).

This very large, gold statue outside is the Hindu god Murugan (ヒンズー教の神、ムルガン). The statue was finished in 2006, and it is almost 43 meters tall. That makes it the tallest statue in Malaysia. The shrines (神殿) inside the caves are much older. The oldest one was built in 1890. But before there were any shrines, the caves were used by Chinese farmers. It may sound disgusting (嫌な) to some of you, but these farmers collected bat droppings (ふん) from inside the caves. They used the droppings to help their vegetables grow!

Speaking of (～について言えば) bats, there are still plenty of (たくさんの) bats living inside. The caves are very, very large and tall. So don't be surprised if you see a few bats flying over your heads. But don't worry. They won't hurt you. However, the same is not true for the monkeys! The Batu Caves are also home to hundreds of monkeys. While these monkeys can be cute, please be careful around them. Many tourists have lost their food to these little devils (悪魔). If you have food, please put it in your bag or backpack, and keep it out of sight (見えない所に). Also hold on tight to (～をしっかり持っておく) your belongings (所持品). The monkeys sometimes even take cameras right out of people's hands!

Time 分 秒

With that in mind, let's begin our walk up the steps! Some people will be faster than others, but we have plenty of time. So don't worry. I'll see you all at the top.

注目 Words

- □ **tour** [名] ツアー
- □ **steps** [名] 階段
- □ **top** [名] 頂上
- □ **statue** [名] 像
- □ **collect** [動] ～を集める
- □ **bat** [名] コウモリ
- □ **grow** [動] 育つ
- □ **hurt** [動] ～を傷つける
- □ **hundreds of ～** 何百もの～
- □ **tourist** [名] 観光客

Lesson 12

Let's Answer!

解答 P.145

True or False

英文の内容に合うものにはT、合わないものにはFを書こう。

1. (　　) The speaker is a television announcer.
2. (　　) The people must go down some stairs to get into the cave.
3. (　　) The statue in front of the cave is a small silver elephant.
4. (　　) There are many bats inside the caves.
5. (　　) The monkeys sometimes steal things from people.

正答数 [　　　　問]

Vocabulary

1～3の語を表す絵を選んで線で結ぼう。

1. bat •　　　　• a 

2. collect •　　　　• b 

3. statue •　　　　• c 

Comprehension

1. 以下の質問に答えよう。

Many years ago, what did farmers collect from inside the caves?

They collected ________________________________.

2. 以下4つの文を、歴史上の時系列に並べよう。

_____ → _____ → _____ → _____

a. A huge statue was built outside the caves.
b. Chinese farmers used the caves.
c. Many shrines were built inside the caves.
d. The tour group arrived.

Summary / Your Opinion

どういう内容だったか（タイトルと大意）、読んでどう思ったか（意見）を英語か日本語で書こう。

Title:

Have you entered any caves?
If you have, where were they?

ソクドクターの速読クリニック

カルテ Vol.01

速読力をUPさせるには？

Client：01

相談者：A君

継続して取り組んでいますが
思ったように読むスピードが
上がらないんです。
何が原因なのでしょうか。

回答

「戻り読み」をしていないだろうか？

いちばんの原因は、「戻り読み」と考えられるぞ。例えば、関係代名詞を用いた次のような英文の場合……

I	have	a friend	who likes	the Beatles	very much.
①	⑥	⑤	④	②	③

これに日本語訳をつけて読もうとすると、このような順番になる。「①私には②ビートルズが③とても④好きな⑤友だちが⑥います」つまりIからvery muchまでを一度読んでから、また前に戻ってくる読み方なんだ。どうしてもこれをやると時間がかかってしまう。だから、戻らずに前から順番に読み取るようにしよう。つまり……

I	have	a friend	who likes	the Beatles	very much.
①	②	③	④	⑤	⑥

あえて訳してみると「①私には②います③友だちが④好きな⑤ビートルズが⑥とても」となる。Iからvery muchまで行ったら終わりで、戻らない。この読み方に慣れていこう。

「チャンク」で読んでみよう

速く読むコツにはもう1つあるぞ。英単語を1語1語読んでいくのではなく、チャンク（ある程度のまとまり）を意識して読んでいくことだ。例えば、I went to Kyoto by car with a friend of mine last summer. という13ワード（13のまとまり）の英文がある。でも、これをI went to Kyoto / by car / with a friend of mine / last summer. と、ある程度のまとまりにすると、わずか4つのチャンクになる。まとめた分、速く読めるってわけなんだ。
人の脳内にある「記憶」と「処理」を同時に行う「ワーキングメモリ」には限度がある。チャンクで読んでいけば、すでに読んだ内容を記憶にとどめながら、その先も読むことができるから「より速くより正確な読み」が可能になる。これは科学的に証明されていることなんだ。

ぼくの場合、根本的な英語力が足りていない気もするんだけど……。

「語彙」を増やそう

いわゆる英語力ももちろん必要だ。「語彙力」がある人ほど長文の読解速度も速いというデータがある。語彙には受容語彙と産出語彙があって、受容語彙は「聞いたり読んだり」する時に必要な語彙で、産出語彙とは「書いたり話したり」するときに必要な単語。だから、速読では受容語彙、とりわけ「見て意味がわかる単語」を増やさなくてはならないんだ。単語を見たらすぐに意味が出てくるくらいまで「自動化」しておかないとね。

「文法力」も大切だ

文法力も必要だぞ。チャンクに分けて読むためには、どこまでが主語なのか、どこが目的語か、またどの部分をひとまとめにすることができるのかを考えなくてはならない。だから、文法力は速読と並行して身につけていこう。

Lesson 13

Let's Read!

Track 13 訳 P.146

Sam and his two younger sisters were playing a game of cards (トランプ遊び) on the living room floor. Sam was winning so he was happy. Suddenly he remembered something. "Hey, do you know what day Friday is?" he asked.

"Sure," said Jessie. "It's the end of another week (あと1週間) of school!"

"Yes, yes. But it's something else, too. Take a look at (〜をちらっと見る) the calendar on the fridge," said Sam.

"OK, but don't look at my cards!" Jessie said. She went into the kitchen and looked at the calendar. She came back and sat down with a smile on her face. "Now, I know," she said.

"Tell me, tell me," said Emma, who was the youngest. "I want to know, too!"

"It's Mom's birthday!" said Jessie. "We should get her something ... But what?"

"A puppy!" Emma said, clapping her hands (手をたたきながら). "Let's get her a puppy!"

Sam shook his head thoughtfully (考え深げに). "No, bad idea. Fun for us, but puppies are really a lot of work. Mom sure does not need any more work!"

Jessie said, "We should get her something to help her to relax. How about some CDs?"

Again, Sam shook his head. "Look at all those CDs over there in the corner. She never listens to them."

Time 分 秒

"She likes to play the piano," said Emma. "Maybe we should get her a piano book."

"Hey, that's a good idea," said Jessie. She gave her sister a little hug.

"Yeah, that's a great idea. Let's go to the store tomorrow and see what they have," said Sam.

Jessie smiled. She then put the winning card (勝ち札) down on the living room rug (じゅうたん). Sam looked shocked.

"You won!" he said. "I don't believe it. I never lose card games!"

Little Emma laughed. "Life is full of surprises, Sam!" she said.

注目 Words

- □ floor ［名］床
- □ suddenly ［副］突然
- □ need ［動］～を必要とする
- □ relax ［動］リラックスする
- □ lose ［動］～に負ける

Lesson 13

Let's Answer!

解答 P.147

True or False

英文の内容に合うものにはT、合わないものにはFを書こう。

1. (　　) The children were playing a board game.
2. (　　) The calendar was in the kitchen.
3. (　　) Their mother's birthday is on Sunday.
4. (　　) Emma thought they should get their mother a puppy.
5. (　　) Sam always loses games.

正答数 　　問

Vocabulary

1～3の語句に近い内容をa～cから選ぼう。

1. (　　) kitchen
2. (　　) living room
3. (　　) relax

a. the room where people prepare meals

b. the room where people can sit and talk and relax

c. to rest after working

Comprehension

1. 以下の質問に答えよう。

What does the children's mother play?

She ______________________________.

2. [　　] に入るのに最も適当なものを下から1つ選ぼう。

Emma is Jessie's [　　　　].

a. older sister
b. younger sister
c. older brother
d. younger brother

Summary / Your Opinion

どういう内容だったか(タイトルと大意)、読んでどう思ったか(意見)を英語か日本語で書こう。

Title:

How do you think
this story will continue?

Lesson 14

Let's Read!

Track 14 　訳 P.148

Sam and his sisters, Jessie and Emma, went to the shopping mall after school to look for a birthday present for their mother. They wanted to buy her a music book.

"Oh, no!" said Sam. "There should be a music store right here ... But it's gone."

"Oh, dear (あらまあ)," Jessie said. "A lot of stores have closed lately (最近). So many people are now buying things on their computers."

"The pet store is still here!" Emma said, happily. "We can buy Mom a puppy!"

Jessie shook her head. "Sorry, Emma. We are not buying a puppy. Hmm ... What else can we get?"

"There's a gift shop over there," said Sam. "Maybe we can find something in it."

The three children walked into the store. It was full of nice things. "May I help you?" asked the woman working there.

"We want to find something for our mom's birthday," Sam said. "We don't know what to get her. With all our money together, we have about $30."

"We have some beautiful teapots over here," the salesclerk said. "This six-cup teapot is now on sale (セールで) for $19.99."

"Oh, that's great!" said Sam. "But Mom doesn't really drink tea. How much is that photo frame?"

"This one? It's $23.99. It holds 12 photos," the woman said.

Time 分 秒

"Perfect!" said Jessie. "I have a lot of great pictures of us in my camera. Let's look at them all and find the best ones."

"OK!" Sam said. "My friend Tom has a printer over at his house. Maybe we can use it to print off (～を印刷する) the pictures ..."

"The best photo of me goes here ... right in the middle," Jessie joked (冗談を言った).

But Emma shook her head. "That's the place for the puppy!"

"No, Emma," Sam and Jessie said together. "We are *not* getting a puppy!"

注目 Words

- □ shopping mall ショッピングセンター
- □ look for ～ ～を探す
- □ music store ［名］ 楽器屋
- □ close ［動］ 閉店する
- □ May I help you? いらっしゃいませ
- □ salesclerk ［名］ 店員
- □ hold ［動］ ～を収納する
- □ printer ［名］ プリンター
- □ middle ［名］ 真ん中

Lesson 14

Let's Answer!

解答 P.149

True or False

英文の内容に合うものにはT、合わないものにはFを書こう。

1. (　　) The children were looking for a Mother's Day present.
2. (　　) The children went into a music store.
3. (　　) The teapot holds six cups of tea.
4. (　　) The children had enough money to buy the photo frame.
5. (　　) Jessie had many pictures in her camera.

正答数 [　　　　問]

Vocabulary

1～3の語を表す絵を選んで線で結ぼう。

1. find •　　　　• a 

2. close •　　　　• b 

3. look for •　　　　• c 

Comprehension

1. 以下の質問に答えよう。

Where are the children?

They ______________________________.

2. 以下4つの文を、本文の内容に合うよう並べよう。

_____ → _____ → _____ → _____

a. They went into a gift shop.
b. The children looked for a music store.
c. They looked at a photo frame.
d. The salesclerk showed them some teapots.

Summary / Your Opinion

どういう内容だったか（タイトルと大意）、読んでどう思ったか（意見）を英語か日本語で書こう。

Title:

What do you want to buy
for your mother's/father's birthday?

Lesson 15

Let's Read!

Track 15 訳 P.150

The country of Japan is made up of (～で構成されている) many islands. Most of those islands are covered with beautiful, tall mountains. But it is difficult to build farms to grow food on those mountains. Most farmland (農地) is used to grow rice and vegetables. So Japanese people eat a lot of fish and other seafood. That is why they know the names of many types of fish. But there are some types of fish that most people have never seen.

Deep down (～の奥深くに) in the oceans, there is very little sunlight. But still there are many types of creatures living there. These ocean creatures have very strange shapes and colors. Because it is dark in the deep oceans, some of these fish have developed very large eyes. Others have very long teeth. Some are so strange, they might give you bad dreams!

Of course, people cannot swim that deep, but there are special cameras that can be used in the deepest, darkest parts of the oceans. The cameras can take pictures of these strange animals so that everyone can see them. But here is a sad fact: The photos that the special cameras take also show us garbage, such as empty drink cans and old bottles and plastic bags.

Many parts of the earth's oceans are now very dirty and filled with garbage. It is difficult for fish and other animals to live in that dirty water. We must stop throwing garbage into the oceans. We need to keep the earth a clean, safe place for people, land (陸の) animals

Time 分 秒

and ocean creatures to live together.

Our planet is a very beautiful place, from the tops of its mountains to the bottoms of its oceans. If we want our children and our children's children to be able to enjoy the earth's beautiful nature, we must protect it.

注目 Words

- □ be covered with ～ ～でおおわれている
- □ ocean［名］海
- □ creature［名］生き物
- □ develop［動］～を発育させる
- □ fact［名］事実
- □ garbage［名］（生）ごみ
- □ empty［形］空の
- □ plastic bag［名］ビニール袋
- □ dirty［形］汚い
- □ throw［動］～を捨てる
- □ planet［名］惑星
- □ protect［動］～を守る

Lesson 15

Let's Answer!

解答 P.151

True or False

英文の内容に合うものにはT、合わないものにはFを書こう。

1. (　　) Japan is covered with farms.
2. (　　) Most Japanese people know the names of all types of fish.
3. (　　) Deep in the oceans, there aren't many creatures.
4. (　　) The earth's oceans are not clean now.
5. (　　) Special cameras can take pictures of strange animals in the ocean.

正答数 　　　問

Vocabulary

1～3の語句に近い内容をa～cから選ぼう。

1. (　　) empty
2. (　　) earth
3. (　　) garbage

a. having nothing inside

b. the things that we throw away

c. the planet where we live

Comprehension

1. 以下の質問に答えよう。

Why are there strange creatures deep in the oceans?

Because there is ____ .

2. [　　] に入るのに最も適当なものを下から1つ選ぼう。

When people throw [　　　　] into the oceans, it makes them dirty.

a. rice　　**b.** vegetables and fruits
c. fish　　**d.** old bottles and plastic bags

Summary / Your Opinion

どういう内容だったか(タイトルと大意)**、読んでどう思ったか**(意見)**を英語か日本語で書こう。**

Title:

Have you seen any of
the strange creatures
that live in the deep oceans?

Lesson 16

Let's Read!

Track 16 訳 P.152

For today's show and tell (発表), I want to show you my new musical instrument. Can you guess what it is? Last summer, I visited my grandmother in Japan. I heard her playing this instrument and I really enjoyed it. I wanted to play it, too! My grandmother lives on an island in the very south of the country. The island is called Okinawa, and this instrument is from there. It is like an Asian banjo (バンジョー), and it's called a sanshin. That means "three strings (弦)," and as you can see, it has three strings! It looks like an instrument from China. Okinawa and China used to have very close ties. The sanshin might have arrived in Okinawa about 600 years ago!

Some people call it a jabisen, which means "snakeskin strings." In the old days, the body of the instrument always had a snakeskin (ヘビの革) covering. This one is made of plastic, though. I didn't want to bring a snakeskin-covered sanshin back to the United States. I was scared of (～が怖かった) trouble at the airport! Look at the instrument's neck. It is made from a single piece of wood. This little bridge (駒) over here, called an *uma*, raises the strings off the skin. It is made of bamboo. This fat string is the male string (男弦). The middle string is called ... the middle string (中弦). And this thin string is the female string (女弦). See this piece of horn (角状のもの)? It's called a *bachi*. I put it on my finger to play, like this.

I love playing Okinawan folk songs (民謡) on my sanshin. But some people can play pop songs or even rock songs on theirs! Let me

Time 分 秒

play you something now. Hm ... Sorry, I am not so good yet. But even the best musicians in the world had to start at the beginning!

注目 Words

- □ musical instrument [名] 楽器
- □ close [形] 親密な
- □ tie [名] 結びつき
- □ plastic [名] プラスチック
- □ raise [動] ～を持ち上げる
- □ bamboo [名] 竹
- □ fat [形] 太い
- □ thin [形] 細い
- □ musician [名] 音楽家

Lesson 16

Let's Answer!

解答 P.153

True or False

英文の内容に合うものにはT、合わないものにはFを書こう。

1. (　　) The speaker's grandmother lives in Japan.
2. (　　) The banjo may have come from China.
3. (　　) The speaker's sanshin has a snakeskin cover.
4. (　　) The neck is one piece of wood.
5. (　　) The strings go under the bridge.

正答数 　　　問

Vocabulary

1～3の語を表す絵を選んで線で結ぼう。

1. snake •　　　　• a 

2. musical instrument(s) •　　　　• b 

3. hear •　　　　• c 

Comprehension

1. 以下の質問に答えよう。

Where does the speaker's grandmother live?

She lives on the island of ______________________________.

2. [ ] に入るのに最も適当なものを下から1つ選ぼう。

The speaker plays [ ].

a. rock songs on the guitar
b. folk songs on the sanshin
c. pop songs on the sanshin
d. jazz songs on the piano

Summary / Your Opinion

どういう内容だったか(タイトルと大意)**、読んでどう思ったか**(意見)**を英語か日本語で書こう。**

Title:

Can you play a musical instrument?
If yes, what kind of
musical instrument is it?

Lesson 17

Let's Read!

Track 17　　訳 P.154

Chris was in the park with his mother and his aunt Kelly. They were sitting on a long bench at the top of a gentle, grassy（草の茂る） hill. Aunt Kelly had a new baby in the baby carriage beside her. She and Chris' mother were talking about babies. Babies, babies, babies. Chris was bored. He had his earphones in and was playing a video game on his phone.

"Why don't you go play on the jungle gym?" suggested（～を提案した） his mother.

"I'm 12 years old, Mom!"

"Well, then," said Aunt Kelly, "since you're all grown up, would you mind watching the baby carriage while we go to the restroom（トイレ）?"

Chris didn't look up. "Yeah, sure," he said. But secretly（ひそかに）, he was happy that his aunt thought he was old enough to watch the baby. He kept playing his game, and the two women got up to leave.

A few moments later, a gust of wind（突風） blew Chris' hair into his face. But as he pushed it away（髪を払った）, he saw the baby carriage.

It was rolling down the hill! Chris was terrified（怖くなった）. At the bottom of the hill was a wooden fence. If the baby hit the fence ... ! He dropped his phone and started running. Chris had never run so fast! The baby carriage bounced（バウンドした） on the uneven（でこぼこの） grass, and Chris was sure it would fall over（ひっくり返る）. But it didn't. And just before the carriage hit the fence, Chris caught the handle and stopped it. He dashed（突進した） around the side and pulled down the blankets to make sure（確かめる）

ソクトレGO!

Time 分 秒

the baby wasn’t hurt.

But there was no baby.

Chris looked up the hill and saw Aunt Kelly, walking toward the bench with his mother. The baby was safely in her arms. Chris sighed with relief.
安心してため息をついた

“Well, at least I saved the carriage,” he thought.

注目 Words

- □ gentle［形］ゆるやかな
- □ hill［名］丘
- □ Why don’t you ～? ～してはどうですか
- □ Would you mind -ing? ～してもらえませんか
- □ blow (blew)［動］（風が）吹く
- □ roll down 転がり下りる
- □ at the bottom of ～ ～の下に
- □ hit［動］～にぶつかる
- □ drop［動］～を落とす
- □ pull down ～ ～を引き下げる
- □ hurt［形］けがをした
- □ at least 少なくとも
- □ save［動］～を救う

Lesson 17

Let's Answer!

解答 P.155

True or False

英文の内容に合うものにはT、合わないものにはFを書こう。

1. (　　) Chris was in the park with his little brother.
2. (　　) Chris was playing a video game on his phone.
3. (　　) Chris accidentally pushed the baby carriage down the hill.
4. (　　) Chris ran with his phone in his hand.
5. (　　) Chris stopped the baby carriage before it crashed.

正答数 　　　問

Vocabulary

1～3の語句に近い内容をa～cから選ぼう。

1. (　　) bored
2. (　　) baby carriage
3. (　　) blanket

a. a moving bed for a baby

b. feeling not interested

c. a thick cloth people sleep under

Comprehension

1. 以下の質問に答えよう。

Why was Chris bored in the park?

Because ______________________________.

2. [　　] に入るのに最も適当なものを下から1つ選ぼう。

When Chris was running, [　　　　].

a. he tripped and fell
b. he ran into the wall
c. the baby carriage bounced on the grass
d. the baby carriage ran over his phone

Summary / Your Opinion

どういう内容だったか（タイトルと大意）、読んでどう思ったか（意見）を英語か日本語で書こう。

Title:

Why was the baby in Kelly's arms?
What do you think?

Lesson 18

Let's Read!

Track 18　訳 P.156

The Romani (ロマニー人) are a very interesting group of people. They live all over the world, but mostly (主に) they can be found in Europe and the Americas (アメリカ大陸). They have no country of their very own but make a home for themselves wherever (どこへ～しても) they go. As a result (その結果), Romani people are many different nationalities (国籍) and have many different religions (宗教). But they do share some things, such as a love of colorful music.

But where did the Romani come from? Many scientific studies (科学的研究) say that these people were originally from northern India. The ancestors (先祖) of the Romani started leaving India about 1,000 years ago. No one really knows why they started traveling, but over time (時間をかけて), they moved slowly across Europe and Africa. After almost a thousand years of spreading out, they reached central and western Europe.

So, what makes the Romani people unique? Well, to start with, most Romani children grow up bilingual. They must, of course, speak the language of the country in which they live. But they also share a Romani language, which is unlike (～と似ていない) most languages in Europe. Therefore (それゆえに), in France, they speak Romani and French, and in Germany, they speak Romani and German. The Romani language may be slightly (少し) different in each country, but a Romani person from Turkey (トルコ) can still speak with a Romani person from the Czech Republic (チェコ共和国) without much trouble.

Throughout (～を通して) history, local people have often looked down on (～をよく見下していた) the

Time 分 秒

Romani people, because the Romani settlers（移民） refused to live the same way as they did. The Romani were accused（非難された） of being thieves（泥棒）, or witches（魔法使い）, or even worse. Why? Mainly because they practiced（～を守った） their own traditions, kept to themselves and did not mix well with the local people. These problems still continue today. But over time, more and more people are learning to（～するようになっている） understand and respect Romani culture.

注目 Words

- ☐ **Europe** ［名］ ヨーロッパ
- ☐ **share** ［動］ ～を共有する
- ☐ **originally** ［副］ もともとは
- ☐ **spread out** 広がる
- ☐ **unique** ［形］ 独特の
- ☐ **local** ［形］ その土地の
- ☐ **refuse to do** ～することを拒む
- ☐ **tradition** ［名］ 伝統
- ☐ **respect** ［動］ ～を尊敬する

Lesson 18

Let's Answer!

解答 P.157

True or False

英文の内容に合うものにはT、合わないものにはFを書こう。

1. (　　) The Romani people love colorful music.
2. (　　) Scientific studies say that the Romani people come from Rome.
3. (　　) No one knows why the Romani people started traveling.
4. (　　) Most Romani people can only speak the Romani language.
5. (　　) Romani people are sometimes not accepted by the local culture.

正答数　　　　問

Vocabulary

1～3の語句に近い内容をa～cから選ぼう。

1. (　　) bilingual
2. (　　) share
3. (　　) refuse

a. to say no to something

b. to use something with other people

c. able to speak two languages

Comprehension

1. 以下の質問に答えよう。

Why do local people often look down on Romani people?

Because Romani people ______________________________.

2. [　　] に入るのに最も適当なものを下から1つ選ぼう。

Most Romani people [　　　　].

a. live in Asia
b. live in Africa
c. live in the Western Pacific Region
d. live in Europe and the Americas

Summary / Your Opinion

どういう内容だったか（タイトルと大意）、読んでどう思ったか（意見）を英語か日本語で書こう。

Title:

____

____

____

____

____

____

Have you heard of the Romani?
What do you think about them?

Lesson 19

Let's Read!

Track 19　　訳 P.158

To: Keisuke Harada <kei_harada@XX.com>

From: Neil McLeod

Date: Friday, September 15

Subject: Re: Game Day Tomorrow!

Hey, Keisuke,

Mom says you should come over at about 11 o'clock tomorrow so we can eat lunch first. She's going to make macaroni and cheese for us, and she always adds bacon and stuff (材料). It's really good. But don't worry, I've got plenty of snacks, too. Mom says we shouldn't eat snacks all day while playing video games, but I don't see the problem. It sounds like a perfect way to spend Saturday to me!

Anyway (とにかく), I guess you're coming by bus, right? From your house, you can take the No. 5 bus. You need to get off at the Crawford Street (クロフォード通り) bus stop. Don't take the express (急行の) bus because it won't stop at Crawford. After that, you have to walk. Our house is at 23 Victory Lane (ビクトリー通り). If you look at a map, it looks a little bit difficult. The roads in this neighborhood are all curvy (曲がりくねっている). And if you follow the roads, it will take you 15 minutes from the bus stop. But there's a much shorter way if you don't follow the roads.

When you get off the bus, turn left and start walking. After you pass the first intersection (交差点), you'll see a park on your right. Keep walking, and you'll see a little path (小道) just after the park. Walk down

Time 分 秒

this path. It comes out on Victory Lane. You can't miss it. Turn right again, and our house is the fifth one on the left. It's a white brick (れんが造りの) house with a blue door. If you go this way, it's only a five-minute walk. Sorry if my instructions (説明) sound difficult. It's actually super easy. You'll see.

I'm looking forward to seeing you! I've got the Street Raiders 2 (ストリート・レイダー2（ゲーム名）) game. It's awesome (すばらしい)! Did you ever play the original one? I think the second one is way better.

注目 Words

- □ add［動］～を加える
- □ spend［動］～を過ごす
- □ follow［動］～をたどる
- □ turn［動］曲がる
- □ miss［動］～を見逃す
- □ actually［副］実際には
- □ look forward to -ing ～することを楽しみにする

Lesson 19

Let's Answer!

解答 P.159

True or False

英文の内容に合うものにはT、合わないものにはFを書こう。

1. (　　) Neil's mother is going to cook lunch for the boys.
2. (　　) Keisuke is taking a taxi to Neil's house.
3. (　　) Neil and Keisuke are meeting in the park.
4. (　　) Neil and Keisuke are going to play video games.
5. (　　) Neil is looking forward to seeing Keisuke.

正答数 　　　問

Vocabulary

1～3の語を表す絵を選んで線で結ぼう。

1. get off •　　　　• a 

2. snacks •　　　　• b 

3. turn •　　　　• c 

Comprehension

1. **以下の質問に答えよう。**

Why should Keisuke *not* take the express bus?

Because the express bus ______________________________.

2. **[　　] に入るのに最も適当なものを下から1つ選ぼう。**

Neil's house is [　　　　].

a. next to the bus stop
b. across from the park
c. white with a blue door
d. very tall

Summary / Your Opinion

どういう内容だったか(タイトルと大意)、読んでどう思ったか(意見)を英語か日本語で書こう。

Title:

Please tell me how to get to your house
from your closest station.

Lesson 20

Let's Read!

Track 20　　訳 P.160

Good morning, boys and girls. Your teacher asked me to come here today. I'm going to talk about how the world has changed in my lifetime (人生). I can tell you, the world is very different now.

I am a writer. I write stories for young people like you. But the word "writer" is kind of (ちょっと) funny. When I was very young, I wrote things on paper using a pencil. In high school, I started using pens. In college, I "wrote" things using a typewriter (タイプライター). Now, I do all of my work on a computer. I don't actually "write" anything. I type (タイプする) everything. You've probably never even seen a typewriter.

Another thing that's changed is television. When I was young, televisions were big boxes with little pictures. They took up (（場所を）取った) a lot of space. Most families had just one television and kept it in the living room. Now, televisions are very large but thin and flat. I don't even have a television because I can watch TV programs on my computer.

Another big difference is shopping. When I was young, if I wanted something, I had to go to a store to buy it, but I didn't really like shopping. Now, I can order almost anything by telephone or computer, and it will arrive at my home very soon. I love that. It is so easy and convenient.

I think the most amazing thing of all, and the biggest change, is the cellphone. In one small case, I have a telephone, but I also have a camera and a video camera, a calculator (計算機), a notebook, a dictionary,

Time 分 秒

a TV and maps. I can use it to record and play music. I can use it to read books and newspapers.

But I'll tell you a secret. My favorite thing to do on my cellphone is play games!

注目 Words

- □ ask ... to ～ …に～するように頼む
- □ writer [名] 作家
- □ college [名] 大学
- □ probably [副] おそらく
- □ thin [形] 薄い
- □ flat [形] 平らな
- □ difference [名] 違い
- □ convenient [形] 便利な
- □ amazing [形] 驚くべき
- □ record [動] ～を録音する
- □ newspaper [名] 新聞
- □ secret [名] 秘密

Lesson 20

Let's Answer!

解答 P.161

True or False

英文の内容に合うものにはT、合わないものにはFを書こう。

1. (　　) The speaker writes stories for young people.
2. (　　) The speaker always writes with a pen.
3. (　　) The speaker has one television.
4. (　　) The speaker didn’t like shopping.
5. (　　) The speaker plays games on a cellphone.

正答数 　　　　問

Vocabulary

1～3の語を表すものを選んで線で結ぼう。

1. computer •　　　　• a 

2. writer •　　　　• b 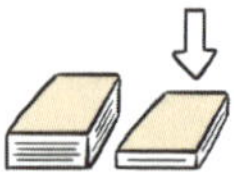

3. thin •　　　　• c 

Comprehension

1. 以下の質問に答えよう。

Why does the speaker like shopping by computer?

Because it is ____________________ and ____________________.

2. 以下4つの文を、本文の内容に合うよう並べよう。

_____ → _____ → _____ → _____

a. The speaker writes with a computer.
b. The speaker writes with a pencil.
c. The speaker writes with a typewriter.
d. The speaker writes with a pen.

Summary / Your Opinion

どういう内容だったか(タイトルと大意)、**読んでどう思ったか**(意見)**を英語か日本語で書こう。**

Title:

Do you think
the cellphone is convenient?

Lesson 21

Let's Read!

Track 21　　訳 P.162

This is a story from when I was a high school student. It was a Monday morning, and I was waiting for a train to arrive at the station. I was on my way to school.

An old lady, who seemed to be about 80 years old, was talking with a member of the station staff. She wanted to know how to get to Ichigaya Station. The man told her the way in a polite manner. The old lady then thanked him and bowed (お辞儀をした). When she bent over (腰を曲げた), her wallet (財布) dropped from her hand and hit the ground. The wallet then opened up, spreading (〜をまき散らした) coins all across the floor. She started picking up the coins one by one (1枚ずつ) with her delicate (細い) fingers. The people who were waiting for a train got together and collected those coins and gave them back to the old lady. I helped, too, of course.

The old lady was very grateful (感謝して) and wanted to show it. She began thanking everyone by bowing very low in every direction. Her shoulder bag then fell to the ground, and all the things in it flew across the floor. Her face became red. Once again, the people who were nearby began collecting her things and kindly returned them to the old lady. I ran to pick up a lipstick (口紅) that had rolled away. She took it from my hand and gave me a little smile. She apologized for (〜に対して謝った) taking up (〜を消費した) so much of everyone's valuable (貴重な) time with helping her. She said, "It was really kind of you to help me out like that." Then, she began to bow deeply in our direction.

Time 分 秒

Everyone quickly said, "Noooooo!" to her. The old lady then stood up straight and smiled. All the people at the station burst out laughing.
どっと笑った

注目 Words

- □ on one's way to ～ ～へ行く途中
- □ polite [形] ていねいな
- □ thank [動] ～に礼を言う
- □ low [副] 低くして
- □ direction [名] 方向
- □ pick up ～ ～を拾い上げる

Lesson 21

Let's Answer!

解答 P.163

True or False

英文の内容に合うものにはT、合わないものにはFを書こう。

1. (　　) It was a Friday morning.
2. (　　) The old lady wanted to go to Ichigaya Station.
3. (　　) The old lady only bowed once.
4. (　　) The people around the old lady were kind.
5. (　　) The writer picked up the old lady's wallet.

正答数 　　　　問

Vocabulary

1～3の語句に近い内容をa～cから選ぼう。

1. (　　) polite
2. (　　) drop
3. (　　) thank

a. to fall onto the ground

b. having good manners

c. to tell someone you are happy for something he/she has done

Comprehension

1. 以下の質問に答えよう。

Why did the people stop the old lady from bowing?

Because ______________________________.

2. 以下4つの文を、本文の内容に合うよう並べよう。

____ → ____ → ____ → ____

a. The old lady's bag fell on the ground.
b. The old lady asked the way to Ichigaya Station.
c. Everyone stopped the old lady from bowing.
d. The old lady dropped her wallet.

Summary / Your Opinion

どういう内容だったか（タイトルと大意）、読んでどう思ったか（意見）を英語か日本語で書こう。

Title:

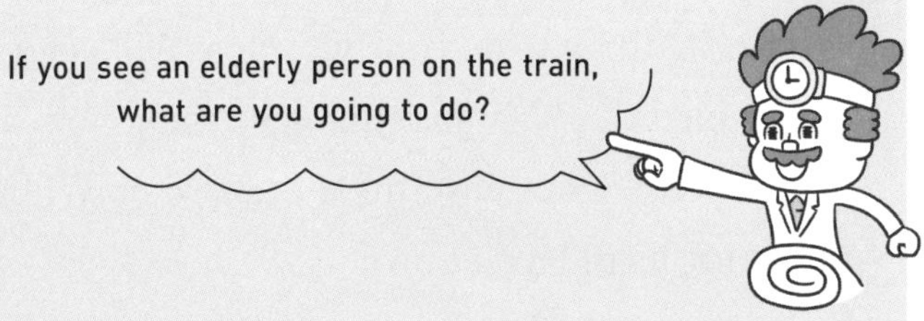

If you see an elderly person on the train,
what are you going to do?

Lesson 22

Let's Read!

Track 22　訳 P.164

Dear Grandma,

My mother told me we will visit your house in July. I am very excited! I love your big house in Middletown. I love the beautiful flowers in your garden. I want to play in your garden. And I want to go to the zoo with you. I want to see lots of animals. You know I love animals, especially bears, lions and elephants. I think the zoo is my favorite place in the world.

Will you take me shopping? I like the stores in Middletown. I want to get some new clothes, and I want several pairs of shoes. Will you buy things for me? I want to go to restaurants with you, too. I want to eat a lot of pizza and hamburgers. And I want to eat lots of ice cream! After we shop and eat, can we go see a movie? I like love stories and action movies.

My birthday is in July. I will be 11 years old. I want to have a big party at your house. I hope you will make your delicious chocolate cake. That is my favorite dessert. I want you to make some cookies and candy, too.

My best friend's name is Susan. We walk to school together every day. We do our homework together sometimes. But our favorite thing to do is play games. Will you give me some games for my birthday? My parents gave me a new bicycle for my birthday last year. Susan gave me a pretty doll. Will you give me some toys for my birthday?

Time 分 秒

I guess I want a lot of things. Can you guess what I want most of all? I want to see your happy face!

Love,
愛をこめて
Jody

注目 Words

- □ dear［形］（手紙で）親愛なる〜
- □ especially［副］特に
- □ clothes［名］服
- □ dessert［名］デザート

Lesson 22

Let's Answer!

解答 P.165

True or False

英文の内容に合うものにはT、合わないものにはFを書こう。

1. (　　) Jody will visit her grandma in December.
2. (　　) Jody loves animals.
3. (　　) Jody's grandma's chocolate cake is delicious.
4. (　　) Jody received a new bicycle last year.
5. (　　) Susan wrote this letter.

正答数 [　　　　問]

Vocabulary

1～3の語を表す絵を選んで線で結ぼう。

1. favorite ・　　　　・ a 

2. clothes ・　　　　・ b 

3. excited ・　　　　・ c 

Comprehension

1. 以下の質問に答えよう。

Where does Jody's grandma live?

She ____.

2. [　　] に入るのに最も適当なものを下から1つ選ぼう。

Jody will be [　　　] years old in July.

a. 9　　**b.** 10
c. 11　　**d.** 12

Summary / Your Opinion

どういう内容だったか(タイトルと大意)、読んでどう思ったか(意見)を英語か日本語で書こう。

Title:

When is your birthday?
What do you want for your birthday?

Lesson 23

Let's Read!

Track 23　訳 P.166

So, you finally got up the nerve to (勇気を振り絞って～する) ask that special person on a date! Well done! But now the panic is setting in (始まっている). You might be saying to yourself (ひとり言を言っている), "Uh-oh. Where do we go? What do we do? And what do we talk about?"

First of all, here is some advice about where *not* to go. Do not go to a theme park (テーマパーク). You might have to wait in line together for an hour. So boring! You won't know each other well enough to carry on (～を続ける) a fun conversation, and it would be very rude (失礼な) to start looking at your smartphones. Go to a movie instead. After the movie, you can go to a coffee shop and discuss what you liked or didn't like about the movie. Maybe you will disagree about some things and have a great discussion!

This leads me to another point. Don't be worried if you don't like the same things. It is good to find some things that you have in common, but it would be very, very boring if you both thought exactly the same way about everything. The best dates are those where you feel you are both learning new ways of looking at the world.

While sipping your coffee, ask your date a few interesting questions — things that you would truly like to know about him or her. And make sure to listen a little more than you talk.

Finally, here is a secret tip (情報). (Please don't tell anybody about it.) Take your date to the top of a tower or a high building. Your date's

Time 分 秒

heart will beat faster as he or she looks down at the tiny (小さい) people and cars below. But are your hearts racing (ドキドキしている) because of the height or because you are standing so close together … ? Your brains (脳) cannot really tell the difference. Good luck!

注目 Words

- □ **date** [名] デート、デートの相手
- □ **in line** 列に並んで
- □ **conversation** [名] 会話
- □ **disagree** [動] 意見が合わない
- □ **lead** [動] ～を導く
- □ **in common** 共通の
- □ **heart** [名] 心臓
- □ **below** [副] 下に
- □ **height** [名] 高さ
- □ **close** [副] 近くに

Lesson 23

Let's Answer!

解答 P.167

True or False

英文の内容に合うものにはT、合わないものにはFを書こう。

1. (　　) A theme park is the perfect place for a first date.
2. (　　) It is all right to look at your smartphone when you are bored.
3. (　　) It is a good idea to go see a movie.
4. (　　) Ask some questions about things that you truly want to know.
5. (　　) You shouldn't take a date to a high place.

正答数 　　　問

Vocabulary

1～3の語句に近い内容をa～cから選ぼう。

1. (　　) panic
2. (　　) conversation
3. (　　) in common

a. a talk between two or more people

b. a feeling of fear

c. shared together

Comprehension

1. 以下の質問に答えよう。

Where is a good place to go after seeing a movie?

A good place to go is ______________________________

____.

2. [　　] に入るのに最も適当なものを下から1つ選ぼう。

It is better for you to [　　　　] more than you [　　　　].

a. pay / talk　　**b.** talk / listen
c. listen / talk　　**d.** talk / give

Summary / Your Opinion

どういう内容だったか(タイトルと大意)、読んでどう思ったか(意見)を英語か日本語で書こう。

Title:

What questions are you going to
ask on your first date?

Lesson 24

Let's Read!

Track 24　　訳 P.168

The adorable kiwi lives in only one place in the world: New Zealand. In fact, people from New Zealand are often called Kiwis because of this unusual（変わった） bird. It is about the size of a chicken, but the kiwi is actually related to the ostrich（ダチョウ）. And, like the ostrich, it cannot fly. The kiwi relies on（〜に頼る） its strong legs to run from danger. If it cannot run away, it will attack and fight. Kiwis are quite strong for their size.

The kiwi's wings are so small that they can't even be seen under its thick layer（層） of fur（毛）. But the fact is that this "fur" is actually a kind of feather（羽毛）. Since kiwis don't need to fly, their feathers didn't need to develop a good shape for flying. Instead, they slowly changed over time so that they now look more like animal fur. Those feathers work like animal fur, too, by helping to keep the kiwi warm during New Zealand's chilly（寒い） winters.

There is one more unusual thing about kiwis. Most birds do not have a good sense of smell（嗅覚）. But the kiwi has an amazing sense of smell. The kiwi has nostrils（鼻の穴） at the tip of（〜の先端に） its beak（くちばし） instead of at the base（つけ根）. Its extra-long nose lets it dig into the ground and sniff（くんくんかぐ） for worms（ミミズ） and other kinds of food. Like a dog, the kiwi even uses its nose to sniff and recognize（〜を確認する） its surroundings（周囲）. It is well-known for the rather（かなり） loud sniffing noises it sometimes makes.

Unfortunately, the kiwi is in danger（危機に直面している） all across New Zealand. It has few predators（捕食者） and is not usually hunted. But people have cut

Time 分 秒

down many of the forests that kiwis live in. And stray dogs (野良犬) and cats sometimes hunt and kill them, too. Hopefully, we can protect these interesting birds from disappearing completely.

注目Words

- □ in fact 実は
- □ be related to ～ ～と関係している
- □ danger [名] 危険
- □ run away 逃げる
- □ attack [動] 攻撃する
- □ fight [動] 戦う
- □ thick [形] 厚い
- □ instead of ～ ～ではなく
- □ dig [動] 掘る
- □ well-known [形] よく知られた
- □ unfortunately [副] 不運にも

Lesson
24

Let's Answer!

解答 P.169

True or False

英文の内容に合うものにはT、合わないものにはFを書こう。

1. (　　) Kiwis are about the size of an ostrich.
2. (　　) Kiwis are actually quite strong.
3. (　　) The feathers on a kiwi help keep it warm.
4. (　　) Kiwis have a poor sense of smell.
5. (　　) Kiwis are in danger because of hunting by humans.

正答数 [　　　　] 問

Vocabulary

1～3の語を表す絵を選んで線で結ぼう。

1. fly ・　　　　・ a 

2. wing ・　　　　・ b 

3. hunt ・　　　　・ c 

Comprehension

1. **以下の質問に答えよう。**

Where are the kiwi's nostrils?

The kiwi's nostrils are ______________________________ .

2. **以下4つの文を、本文の内容に合うよう並べよう。**

_____ → _____ → _____ → _____

a. Kiwis use their strong legs to run from danger.
b. Kiwis are often killed by stray dogs and cats.
c. Kiwi feathers look like fur.
d. Kiwis sniff the ground for their food.

Summary / Your Opinion

どういう内容だったか（タイトルと大意）、読んでどう思ったか（意見）を英語か日本語で書こう。

Title:

Do you know any other animals that are in danger?

Lesson 25

Let's Read!

Track 25 訳 P.170

Hello, everyone! My name is Katsukuni, but you can call me Katsu. I know, I know, it sounds like cats, doesn't it? That will make it easy for you to remember.

I come from Hiroshima, Japan. I live there in a house with my parents and my younger brother, Nobu. We also have an Akita dog. He is 5 years old and very strong. When anyone comes to the door, he barks (ほえる) and barks. He does not like strangers. I will show you some pictures of my family and dog later.

My favorite subjects are English and geography. I want to know all about the world! I am tall, so I'm on the basketball team, but I'm not a good player. I don't know what I want to be when I grow up.

Has anyone here been to Hiroshima? It has a special dish called *okonomiyaki*, which is like a pancake, but it is made with many interesting ingredients (材料). If you come to my house, I will make it for you! I know you'll really like it.

Near Hiroshima is an island called Miyajima. It's a very special place. It is famous for its temple and shrine, but there are many great things to do on the island. I love to go hiking there. The deer (シカ) on the island are scary (怖い), though. One time, a deer bit my bottom (しり) because I didn't want to give him my French fries! There is a really beautiful mountain on the island. You can take a ropeway to go up it. But be careful of the monkeys who live up there. They steal things. One day, I put my camera bag down for a second (少しの間) ... and it

Time 分 秒

was gone!

Well, now you know all about me. I look forward to getting to know you!

注目 Words

- □ sound like ～ ～のように聞こえる
- □ stranger [名] 見知らぬ人
- □ later [副] 後で
- □ geography [名] 地理
- □ be famous for ～ [形] ～で有名な
- □ temple [名] 寺
- □ bite (bit) [動] ～をかむ
- □ steal [動] ～を盗む

Lesson 25

Let's Answer!

解答 P.171

True or False

英文の内容に合うものにはT、合わないものにはFを書こう。

1. (　　) Katsu is from Tokyo.
2. (　　) Katsu's dog is friendly to everyone.
3. (　　) Katsu likes English and geography.
4. (　　) Katsu is short.
5. (　　) Katsu can make okonomiyaki.

正答数　　　　問

Vocabulary

1～3の語句に近い内容をa～cから選ぼう。

1. (　　) famous
2. (　　) special
3. (　　) island

a. not usual, different from other things

b. known about by many people

c. a piece of land surrounded by water

Comprehension

1. 以下の質問に答えよう。

What does Katsu love to do on Miyajima?

He loves to ______________________________________.

2. [　　] に入るのに最も適当なものを下から1つ選ぼう。

Katsu is on the [　　　　] team.

a. baseball　　**b.** soccer
c. basketball　　**d.** hockey

Summary / Your Opinion

どういう内容だったか（タイトルと大意）、読んでどう思ったか（意見）を英語か日本語で書こう。

Title:

Where are you from?
Do you have any brothers or sisters?

カルテ Vol.02

今後はどう学習すればいい？

相談者：Bさん
C君

Client：02

この一冊をやり遂げた後は、
どんな学習をすればいいでしょうか。
せっかくなので継続して何かを
したいと思います。

回答

「標準編」に進もう！「本書をもう1周」もおすすめ

その気持ち、とても大事だね。英語の勉強では継続が大切と言われるけど、速読トレーニングも同じだよ。本書でも最初の数レッスンですぐに成長するようなことはなく、ときには前回より遅くなることもあってWPMのグラフは凸凹したかもしれない。それでもやり終えてみると、それはゆったりと右肩上がりになったのではないかな。結果を出すためには根気よく続けることが何よりも大事なんだ。

本書である程度読解速度が伸びたという人は、ぜひ「標準編」にもチャレンジしてみてほしい。「標準編」は450語に語数が増え、20レッスン用意されているぞ。本書をやり遂げた人ならスムーズに移行できるはずだ。内容もより高度になるから、英検2級以上や入試の対策にも役立つよ。

また、本書をもう一度やってみるということもおすすめしたいんだ。一度だけでは、意外と前に読んだことを忘れているもの。それでも、1回目よりもずっと速く読み終えている自分がいるはずだよ。25レッスンを2回読めば50レッスン分に相当する。2回目まではグラフに記入欄があるから引き続きグラフに記入してみよう。1回目のWPMと50回目のWPMを比較すると、速読トレーニングの効果をあらためて実感できると思うよ。
Let's keep on learning!

速読トレーニング 解答・訳

ソクトレ

長文の日本語訳と問題ページの解答・解答例だよ。
速読ではTrue or False問題に回答できるくらいの
内容把握を目的としているけれど、
わからない文があったら、その訳を見て、
文構造や単語の使い方を確認しておこう。

Lesson 01-25

Let's Read! 全訳

Let's Answer! 解答

※Let's Answer!のSummary/Your Opinionは、Summaryの解答例のみを紹介しています。

Lesson 01

【全訳】

アンナ　：ママ、ニンジンはあるかしら？

お母さん：ええ、冷蔵庫にいくつかあると思うわ。

アンナ　：レタスはどう？　レタスはあるかしら？

お母さん：ちょっと待って、どうしたの？　学校から帰ってくると、たいていニンジンじゃなくてクッキーをほしがるじゃないの。

アンナ　：ちょっと説明するのは難しいの。

お母さん：ベストを尽くして説明してみて。

アンナ　：ええと、学校の私たちのクラスはコットンという名前のウサギのペットを飼っているのよ。交代でえさをあげなければならなくて、今週は友だちのジェイソンの番だったの。でも今朝、コットンにえさをあげたとき、彼はおりを閉めるのを忘れたのよ。

お母さん：よくないわね。

アンナ　：そうよ。それに、昼食の後まで誰もコットンが逃げたって気づきさえしなかったの。

お母さん：あなたがニンジンとレタスをほしがっているということは、誰かが彼（コットン）を見つけたのね。

アンナ　：うーん、さあどうかな。クラス全体で30分、彼を探したわ。全部の戸棚と全部の机の下を見たし、廊下を見た。ほかの教室を見るために生徒に頼みさえしたの。でも誰も彼を見つけることができなかったの。私たちの担任のオズボーン先生は、彼は多分隠れているんだって言っていたわ。

お母さん：だから彼をつかまえるのを手伝うために、明日、学校にいくつか食べ物を持って行きたいのね？

アンナ　：いいえ、今それが必要なの。

お母さん：え！　どうして？

アンナ　：ええとね、授業が終わって、家に帰るのにバスに乗ったの。でも、バスで座ったら、かばんの中で何かが動いているのを感じたのよ。だから開けてみたら、コットンがその中にいたの。

お母さん：待って、今、彼はまだかばんの中なの？

アンナ　：うん。彼は私の本もかんでだめにしたわ。怒らないよね？

お母さん：ええ、怒らないわ。でも、何か食べ物と眠るための安全な場所を彼にあげた方がいいわね。朝、彼は学校に戻る。いいわね？

アンナ　：うん。

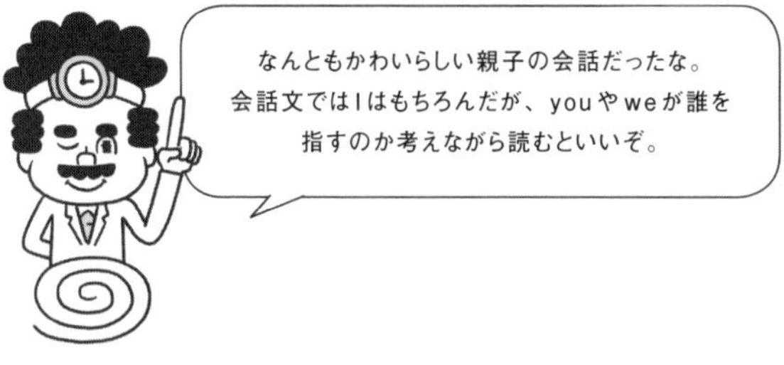

なんともかわいらしい親子の会話だったな。
会話文ではＩはもちろんだが、youやweが誰を
指すのか考えながら読むといいぞ。

True or False

1. **T** アンナはお母さんにレタスを求めた。
2. **F** コットンはアンナのペットだ。
3. **F** オズボーン先生はかばんの中にいるコットンを見つけた。
4. **T** 今、アンナがコットンを持っている。
5. **F** アンナのお母さんは彼女に怒っている。

Vocabulary

1. **b** (〜に食べ物を与える)
2. **c** (おり)
3. **a** (逃げる)

Comprehension 解答例

1. **(She will) take him to the school.**

[訳]朝、アンナはコットンをどこに連れて行きますか。
彼女は彼を学校へ連れて行きます。

2. **d→a→b→c**

[訳] ジェイソンはコットンにえさをあげた。→コットンは逃げた。→生徒たちはコットンを探した。→アンナはバスに乗り、コットンを見つけた。

Summary 解答例

Title: A Lost Rabbit
Anna's class at school has a pet rabbit named Cotton. But he escaped this morning. The whole class searched for him, but no one could find him. At the end of class, Anna got on the bus to go home. She felt something moving in her bag. Cotton was in there. She will take him back to school in the morning.

[訳]タイトル：迷子のウサギ
学校で、アンナのクラスはコットンという名前のウサギのペットを飼っている。しかし今朝、コットンは逃げてしまった。クラス全体で彼を探したが、誰も見つけることができなかった。授業の後、アンナは家に帰るためにバスに乗った。彼女はかばんの中で何かが動いているのを感じた。コットンがその中にいたのだ。彼女は朝、彼を学校に連れて帰るだろう。

ソクドクターへの回答例

Yes, we do. We have a rabbit, too. Her name is Mimi.

[訳]あなたの学校では、何かペットを飼っていますか。「はい」であれば、どんな種類のペットですか。
はい、飼っています。私たちもウサギを飼っています。彼女の名前はミミです。

【全訳】

東京でのすてきな土曜日の午後のことだった。ジェニーはある日当たりの良いカフェで座って、友だちの優子を待っていた。そしてちょうど2時、彼女はそこにやって来た。「あなたはいつも時間通りだったよね」とジェニーは言って、友だちに温かいハグをした。「まるで私たちが中学生だったときのようね！」と優子がほほ笑んだ。

何年も前、優子はカナダのオタワにある学校で交換留学生だった。ジェニーは彼女のクラスメイトだったのだ。2人はかつての日々のことを話した。

「あの夜のそりすべりパーティーを覚えている？」とジェニーがコーヒーを少しずつ飲みながら言った。「2匹の美しくてたくましい馬が私たちを引いてくれたわね。私はあお向けになってたくさんの星を見上げたわ。ああ、楽しかったなあ！」

「私はそりの端に座ったけど、あなたのお兄さんが私をずっと突き落とそうとしていたのよ」と優子が言った。

「ダンはあなたにすごく意地悪だったのね！　彼はいつもあなたを何と呼んでいたんだっけ？」とジェニーがたずねた。

優子は目をぐるりとまわした。「彼は私をスプーンフェイスって呼んだのよ。すごく嫌だった。私、彼がそう呼ぶたびに、彼に雪玉を投げつけたわ」

ジェニーは頭を振った。「お兄ちゃんたら！　ダンはそんなに悪い子だったのね。私たちが湖でスケートをしていたとき、彼がどんなふうにあなたによくぶつかったものだったか覚えているわ」

優子とジェニーは2人ともだまりこんだ。そこに座って考えていた。そしてジェニーは友だちを見た。「あなたとダンが最後にはカナダで同じ大学に行くことになったのは、とてもおもしろいことよ」彼女が言った。「ねえ、優子。私はあなたが私を訪ねてここ東京に来てくれてとてもうれしいわ！　次回はお兄ちゃんもあなたと一緒に来られるといいわね。あなたたちはもう結婚してどのくらいかしら？」

優子はコーヒーカップを置いてほほ笑んだ。「だいたい7年になるわ！」彼女が言った。「知ってる？　彼はまだ私のことをスプーンフェイスって呼ぶのよ。でも今ではそれをかわいいと思えるの」

そう、ジェニーは今では東京に住み、優子はカナダに住んでいたのだ。グローバルな世界だ！

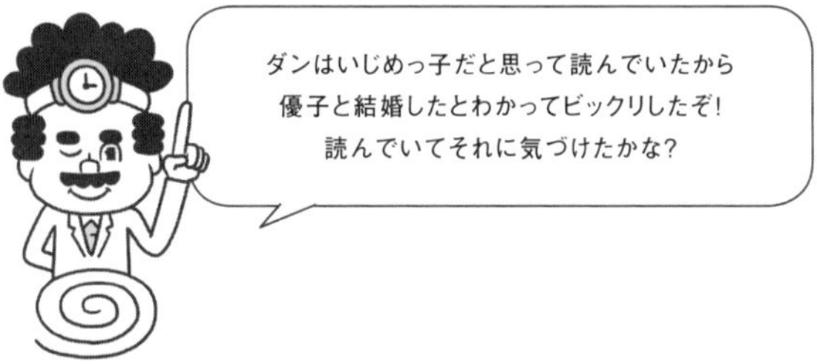

ダンはいじめっ子だと思って読んでいたから
優子と結婚したとわかってビックリしたぞ!
読んでいてそれに気づけたかな?

True or False

1. **F**　優子はジェニーを待っていた。
2. **T**　優子とジェニーはクラスメイトだった。
3. **F**　そりすべりパーティーで、2匹の大きな犬がそりを引いた。
4. **F**　優子とジェニーは同じ大学に行った。
5. **T**　優子とダンは結婚している。

Vocabulary

1. **c**　（～を覚えている／心の中に何かを持ち続けること）
2. **b**　（大学／高校の後に生徒が行く学校）
3. **a**　（スケートをする／特別な靴をはいて氷の上で動いたりすべったりすること）

Comprehension 解答例

1. **(She) lived in Ottawa.**

   [訳]優子は交換留学生としてどこに住んでいましたか。
   彼女はオタワに住んでいました。

2. **c**　[訳]彼らが湖でスケートをしているとき、ダンが優子にぶつかった。

Summary 解答例

Title: A Global World
Jenny met Yuko at a café in Tokyo. Jenny and Yuko were classmates in Canada many years ago. They talked about the old days. Jenny's brother, Dan, was always mean to Yuko. But Dan and Yuko ended up going to the same university in Canada and got married seven years ago.

[訳]タイトル：グローバルな世界
ジェニーは東京のカフェで優子に会った。何年も前に、ジェニーと優子はカナダでクラスメイトだったのだ。彼らは昔の話をした。ジェニーのお兄さんのダンは優子にいつも意地悪だった。でもダンと優子は、最後にはカナダで同じ大学に行くことになり、7年前に結婚したのだ。

ソクドクターへの回答例

Yes, I do. I have a friend in the United States. Her name is Mary.

[訳]あなたは海外に住んでいる友だちがいますか。彼または彼女の名前は何ですか。
はい。私はアメリカに友だちがいます。彼女の名前はメアリーです。

Lesson 03

【全訳】

たい焼きとは何かを知っているだろうか？　魚のように見えるが、あんこが中に詰まったパンケーキのような味のする伝統的な日本の軽食だ。たい焼きの“yaki”は「焼いた」という意味で、“tai”はおいしい魚の一種で「鯛」という意味だ。しかし実際には、たい焼きにはまったく魚は含まれてない。日本では、鯛は「幸運な魚」と見なされていて、お祝いやそのほかのうれしいイベントでよく出される。これが、たい焼きというおやつが日本中でとても人気がある1つの理由だ。最近、あんこに加えて、カスタードクリームやチョコレートを含むたくさんの種類の中身が楽しめる。

昔、しっぽの中にあんこが入っているべきかどうかの白熱した議論があった。入っているべきではないという人もいた。なぜなら、

1）しっぽは取っ手のようだから。人々は指でたい焼きをつまみ上げて食べるのにそれを使う。

2）しっぽはあんこの甘さとバランスを取るのに、プレーンの部分として残しておくべきだから。

あんこが入っているべきだという人もいた。なぜなら、

1）しっぽにあんこが入っていないと、だまされているような気分になるから。

2）あんこがしっぽに入っていると、代金以上の価値を得ているように感じるから。

最近では、たい焼きはほとんど必ずしっぽにあんこが入っている。

しかし、人々が議論したがるもう1つの話題がある。たい焼きを頭から食べ始めるのがより良いマナーなのか、それともしっぽから食べ始めるのがより良いマナーなのか？　あるアンケートは、頭から食べ始めると答えた人が80パーセント、しっぽからと言う人が20パーセントと報告した。

私の母は違う考えをもっている。彼女はたい焼きを2つに割ってあんこから食べ始めるべきだと言っている。私は彼女が正しいと思う！

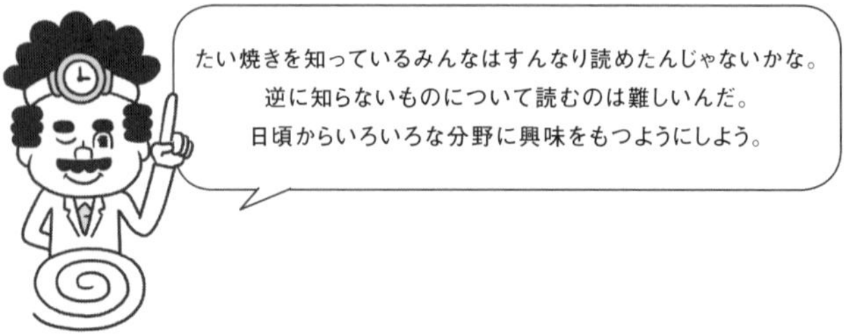

たい焼きを知っているみんなはすんなり読めたんじゃないかな。
逆に知らないものについて読むのは難しいんだ。
日頃からいろいろな分野に興味をもつようにしよう。

True or False

1. **F** たい焼きは鯛を焼いたものだ。
2. **F** たい焼きは、以前はしっぽに魚が含まれていた。
3. **F** たい焼きは2種類の中身がある。
4. **T** あるアンケートによると、ほとんどの人が頭からたい焼きを食べ始める。
5. **T** 筆者は、たい焼きを食べ始める最も良い方法について彼／彼女の母の考えに賛成だ。

Vocabulary

1. **a** （人気のある／多くの人に好かれた）
2. **c** （～について話し合う／何かについてほかの人と話すこと）
3. **b** （取っ手／持つために使う物の一部）

Comprehension 解答例

1. **(It is seen as a “lucky fish” and is) often served at celebrations or at other happy events.**

   [訳]鯛の何が特別ですか。
   鯛は「幸運な魚」として見なされていて、お祝いやそのほかのうれしいイベントによく出されます。

2. **b** [訳]たい焼きについての白熱した議論の1つは、しっぽにあんこが入っているべきかどうかということだ。

Summary 解答例

Title: *Taiyaki*
A *taiyaki* looks like a sea bream, but tastes like a pancake filled with red bean paste. A long time ago, people had heated discussions about whether there should be red bean paste in the tail. These days, a taiyaki almost always has red bean paste in its tail. A questionnaire found that 80 percent of the people started eating with the head and 20 percent with the tail.

[訳]タイトル：たい焼き
たい焼きは鯛のように見えるが、あんこが中に詰まったパンケーキのような味がする。昔、しっぽの中にあんこが入っているべきかどうかについて白熱した議論があった。最近では、たい焼きはほとんど必ずしっぽにあんこが入っている。あるアンケートでは80パーセントの人が頭から食べ始め、20パーセントの人がしっぽから食べ始めることがわかった。

ソクドクターへの回答例

I start eating it by its head because I think the head looks tasty.

[訳]あなたはたい焼きを頭から食べ始めますか、それともしっぽから食べ始めますか。
頭がおいしそうに見えるので、私はたい焼きを頭から食べ始めます。

【全訳】

誰もが「ディズニーランド」という名前を知っているが、その名前がどこから来たのか知っているだろうか？　かつて、ウォルト・ディズニーという名前の男性がいた。彼は1901年にシカゴで生まれ、絵を描くことが大好きだった。長年、美術を勉強し、アニメーションについて学んだ。1928年、彼は小さなネズミの絵を描き、そのネズミにおもしろい声を与えた。ネズミの名前はミッキーだった。ミッキーはとても人気が出た。ディズニーはミッキーマウスと、そのほかのミニーマウス、ドナルドとデイジーダック、グーフィーとプルートという名前の2匹の犬などのキャラクターを使ったたくさんの短い漫画を作った。これらすべてのキャラクターはとてもかわいくてとてもおもしろい。

まもなく、ディズニーは長編映画を作り始めた。ほとんどが子どものお話から成るものだった。それらは私たちの希望や夢を描いた話なので、みんなはディズニーの映画が大好きだ。「ピノキオ」は、現実の男の子になる木でできた人形の話。「ダンボ」は、飛ぶことができるゾウについて。「ピーターパン」は、大人になりたくない少年について。「メアリーポピンズ」は、子どもたちの世話をする魔法使いの女性について。これらすべての映画は、私たちが幸せでいられる美しく完璧な世界を想像させてくれる。

ウォルト・ディズニーは彼の夢である、美しく完璧な世界を本物の場所にしたかった。そして1955年に、彼はカリフォルニアにディズニーランドを開園した。ディズニーランドにはいくつかの異なるエリアがある。歴史を思い起こさせるエリアもあれば、将来の夢を抱かせるエリアもある。これらすべてのエリアが明るい光と楽しい音楽であふれている。ディズニーランドに行くことはとても特別な経験だ。ディズニーランドはとても幸せな思い出を人々に与えてくれる。

1966年にウォルト・ディズニーは亡くなったが、彼の会社はすばらしい映画を作り続けている。人々は今でも、映画の中で見つけられる魔法の世界を楽しんでいるのだ。ウォルト・ディズニーはアメリカの歴史の大切な一部だ。ディズニーの映画やキャラクターは世界中でも人気がある。

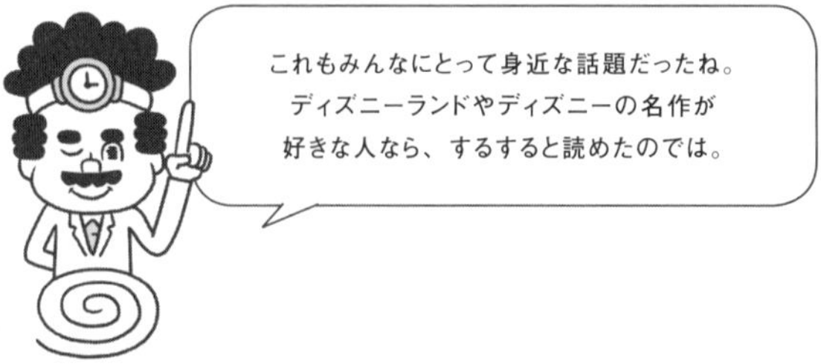

これもみんなにとって身近な話題だったね。
ディズニーランドやディズニーの名作が
好きな人なら、するすると読めたのでは。

True or False

1. **F** ドナルドとデイジーは犬の名前だ。
2. **F** ウォルト・ディズニーはカナダで生まれた。
3. **T** ウォルト・ディズニーは美術を勉強した。
4. **T** 「メアリーポピンズ」は魔法使いの女性の話だ。
5. **T** ディズニーランドは私たちに歴史を思い起こさせる。

Vocabulary

1. **a** （おもしろい）
2. **c** （魔法）
3. **b** （夢）

Comprehension 解答例

1. **(It) gives people happy memories.**

   [訳]ディズニーランドに行くことは人々に何を与えますか。
   人々に幸せな思い出を与えます。

2. **c→b→d→a**

   [訳]ディズニーが生まれた。→ディズニーはミッキーを描いた。→ディズニーランドが開園した。→ディズニーが亡くなった。

Summary 解答例

Title: The Wonderful World of Disney
Walt Disney was born in 1901. In 1928 he drew a mouse called Mickey and gave the mouse a funny voice. Soon, Disney began making long films. In 1955, Disneyland opened in California. It was Disney's dream to make a beautiful, perfect world a real place. He died in 1966. But people still enjoy the magic worlds they can find in Disney movies.

[訳]タイトル：ディズニーのすばらしい世界
ウォルト・ディズニーは1901年に生まれた。1928年に、ミッキーと呼ばれるネズミを描き、おもしろい声を与えた。まもなく、ディズニーは長編映画を作り始めた。1955年、ディズニーランドがカリフォルニアに開園した。美しく、完ぺきな世界を本物の場所にするのがディズニーの夢だった。彼は1966年に亡くなった。しかし、今でも人々はディズニー映画で見つけられる魔法の世界を楽しんでいる。

ソクドクターへの回答例

Yes, I have. I go there five times a year. I like Disneyland very much.

[訳]あなたはディズニーランドに行ったことがありますか。そこが好きですか。
はい、行ったことがあります。私はそこに年に5回行きます。ディズニーランドが大好きです。

【全訳】

カイル・マッデンが12歳のとき、彼は重い病気になり、数週間、病院に入院した。カイルを元気づけるため、両親は彼が良くなったらすぐに子犬を買うという約束をした。新しい犬はかわいらしいラブラドール・レトリーバーの子犬で、カイルは彼をピスタチオと名付けた。それからの2、3年で、カイルとピスタチオは親友になった。

カイルと家族は西オクラホマの小さな農場に住んでいた。ある日、カイルがテレビを見ていたとき、ピスタチオがほえながらドアへ駆けよった。カイルは誰かが訪ねてきたと思ったので、見ようとドアを開けた。しかし外には誰もいなかった。その代わりにピスタチオはカイルを押しのけて、庭へと走っていった。彼はほえ続け、それから家の横を走りまわった。

それはカイルが黒雲を見たときのことだった。

カイルのお母さんは台所の窓の外を見て、雲が近づいてきているのを見た。「トルネードよ！」と彼女が叫んだ。「地下室に降りなさい！　さあ！」

「でもピスタチオが外にいる！」カイルが言った。

「すぐに階下に行きなさい！」ちょうど走って中に入って来たお父さんが言った。「私が犬を見つけるよ」

カイルはお母さんと待つために階下へ行き、お父さんはピスタチオを呼びながら外へ出た。彼は何度も呼んだが、聞こえたのはトルネードの騒音だけだった。風が強くて立っているのがやっとだった。トルネードはかなり接近していた。カイルのお父さんは急いで中に戻ってくることしかできなかった。小さな家族はともに地下室で待ち、祈った。

15分後、トルネードは去った。カイルと両親は外に出た。何本かの木が折れて道に倒れていた。彼らのトラックが地面に横倒しになり、家では窓が5、6枚割れていた。

ピスタチオの跡は何もなかった。

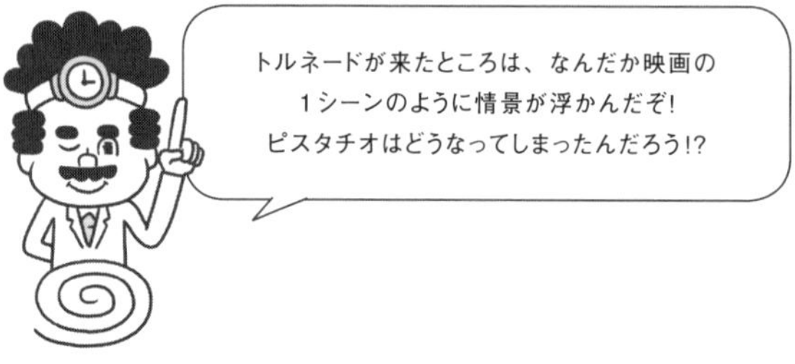

トルネードが来たところは、なんだか映画の
1シーンのように情景が浮かんだぞ!
ピスタチオはどうなってしまったんだろう!?

True or False

1. **F** ピスタチオは子犬のとき、病気だった。
2. **T** カイルと家族は農場に住んでいた。
3. **T** ピスタチオはトルネードに気がついた。
4. **F** ピスタチオは地下室に隠れていた。
5. **F** トルネードは家族の家を解体した。

Vocabulary

1. **a** （病院／病人やけが人が治療を受ける場所）
2. **b** （農場／野菜を育てたり、動物を飼ったりするために使われる土地）
3. **c** （庭／家のまわりの場所）

Comprehension 解答例

1. **(Pistachio) ran into the yard.**

   [訳]カイルが外を見るためにドアを開けたとき、何が起きましたか。
   ピスタチオが庭へ走っていきました。

2. **b→c→a→d**

   [訳]カイルの家族は彼に子犬をあげた。→ピスタチオがどこかへ走っていった。→カイルは地下室で家族と待った。→家族はトルネードの被害を見た。

Summary 解答例

Title: The Tornade
Kyle Madden had an adorable puppy named Pistachio. Kyle and his family lived on a small farm. One day, Pistachio ran to the door and barked. But there was no one outside. At that time, Kyle's mother saw a tornado was approaching. They went to the basement. But Pistachio didn't come back from outside.

[訳]タイトル：トルネード
カイル・マッデンはピスタチオという名前のかわいい子犬を飼っていた。カイルと家族は小さな農場に住んでいた。ある日、ピスタチオがドアへ走っていき、ほえた。しかし外には誰もいなかった。そのとき、カイルのお母さんはトルネードが近づいていたのを見た。彼らは地下室へ行った。しかしピスタチオは外から戻ってこなかった。

ソクドクターへの回答例

I think he is at the neighbors' house. He must have gone there to tell them about the tornado.

[訳]ピスタチオはどこにいるでしょうか。あなたはどう思いますか。
私は、近所の家にいると思います。彼はトルネードについて彼らに教えるためにそこに行ったに違いないです。

Lesson 06

【全訳】

マッデン家の農場から2キロメートル離れたところで、ベン・グレーディと妻のエリーはあまり幸運な状態ではなかった。彼らは生きていたが、トルネードは彼らの家をズタズタに破壊した。彼らの納屋は被害にあっていた。農具もだ。ベンと妻はまだショック状態だった。破壊された家の周りを歩くと、悪い夢の中にいるかのようだった。エリーは壊れた写真立てに彼女のお母さんの写真を見つけ、目が涙でいっぱいになった。

ベンがエリーをなぐさめていると、違った種類の鳴き声を聞いた。彼は周りを見たが、それはどこから来ているのかわからなかった。奇妙なキャンキャン鳴いている音で、まるで犬のようだった。しかし、ベンとエリーは犬を飼っていなかった。彼らは一緒に裏庭の方へ音を追って行った。木の高いところを見上げると、ベンは泥まみれの茶色い犬の姿を見た。後ろ足で枝に立っているようだった。ベンは納屋からはしごを見つけ、その鳴いている動物を助けるために木に登った。

犬は血を流していてあざができ、ひどく怖がっていた。ベンはすぐに犬は立っているのではないと気がついた。犬の首輪によって太い枝にぶら下がっていたのだった。犬はトルネードで空中を運ばれたに違いなく､その結果この木にたどり着いたのだ｡幸運にも生きていた！ベンは犬を持ち上げて自由にし、かかえてはしごを下りた。下げ札に電話番号とピスタチオという名前が書かれていた。ベンとエリーは一緒にピスタチオをきれいにし、獣医へ連れて行った。

グレーディ家がピスタチオを家に連れて行くと、カイルは再び親友に会えたことに大喜びした。そして、マッデン一家はグレーディ家が家を再建するためにできることは何でも手伝うと申し出た。

ピスタチオが見つかって本当によかった!
前回のストーリーの続きだということに
最初から気づくことができたかな?

True or False

1. **T** トルネードはベンとエリーの家を破壊した。
2. **F** エリーは家の中で犬を見つけた。
3. **F** ベンは犬を助けるために消防署へ電話した。
4. **T** 犬は首輪でぶら下がっていた。
5. **F** ベンとエリーは犬を飼うことを決めた。

Vocabulary

1. **b** （～に損害を与える／何かの価値や有用性を下げること）
2. **c** （生きている／死んでいない）
3. **a** （～を再建する／もう一度何かを建てること）

Comprehension 解答例

1. **(The dog's name) was on its tag.**

   ［訳］ベンとエリーはどのようにして犬の名前を知ったのですか。
   犬の名前は下げ札にありました。

2. **b** ［訳］話の中で、カイルの家族はベンとエリーを手伝うことを申し出た。

Summary 解答例

Title: Kyle and Pistachio
Ben Grady and his wife Ellie lived two kilometers away from the Madden farm. The tornado had torn their home to pieces. Ben found the dog was bleeding and bruised high up in a tree. Ben helped the dog and saw its name and phone number on its tag. Ben and Ellie took the dog to the Madden family. Kyle was overjoyed and the Madden family offered to help them.

［訳］タイトル：カイルとピスタチオ
ベン・グレーディと妻のエリーはマッデン家の農場から2キロメートル離れたところに住んでいた。トルネードは彼らの家をズタズタに破壊した。ベンは木の高いところで犬が血を流していて、あざができているのを見つけた。ベンは犬を助けて、下げ札に名前と電話番号があるのを見た。ベンとエリーは彼をマッデン家へ連れて行った。カイルは大喜びし、マッデン家は彼らを助けると申し出た。

ソクドクターへの回答例

I should go into a room without a window, such as a toilet.

［訳］もしあなたがトルネードが来るのを見たら、何をするべきでしょうか。
トイレのような窓のない部屋に入るべきです。

Lesson 07

【全訳】

すでに夏も半ばを過ぎたということが信じられない。私は今、2週間のサマーキャンプに来ている。私が思っていたよりはるかに楽しい。それが最近、日記を書いていない理由だと思う。毎日とてもたくさんすることがある。そして1日の終わりには、疲れすぎていて書けないのだ！　私の姉がキャンプに行ったとき、なぜ彼女がそんなにホームシックになったのか、私にはわからない。それは人生の中で一番長い2週間であり、毎晩泣いたと彼女は言っていた。とても変だ。

数日前、私たちはキャプチャー・ザ・フラッグ*をして、私のチームが勝った。多分それは今までのところ最もお気に入りの日だ。チームのキャプテンは両方とも男子で、彼らがチームメンバーを選んだとき、女子は全員最後に選んだ。彼らは多分私たちが得意ではないと思っていたのだ。でも私は相手チームの旗を取ったひとりなのだ！　女子に口出しをするなということが彼らにもわかったはずだ。森の中でやったのだけれど、私は人にこっそりと近づくのが本当に得意なのだ。

昨日、彼らは私たちにカヌーの使い方を教えてくれた。それぞれのカヌーは2人乗りで、パドルでのこぎ方や進み方、すべてを学ばなければならなかった。私たちは湖のいたるところへ行った。2匹のビーバーが一緒に泳いでいるのまで見た。一番おもしろかったのは、指導員のひとりがカヌーに立ったとき、バランスを崩して、あやまって湖に落ちてしまったことだ。私たちは笑いが止まらなかった。ほかの指導員さえも笑っていたのだ。

私たちは雨のときを除いて、毎晩キャンプファイヤーもする。指導員たちはつまらないキャンプの歌を私たちに歌わせようとすることもある。でもほかのときには、彼らはお化けの話をしてくれたり、いろいろな星の名前を教えてくれたりする。ときには、ただ、マシュマロを焼いたり、話をしたりしてダラダラと過ごすときもある。すばらしいことだ。

*キャプチャー・ザ・フラッグ＝自陣の旗を守りながら敵陣の旗を奪い合う野外ゲーム

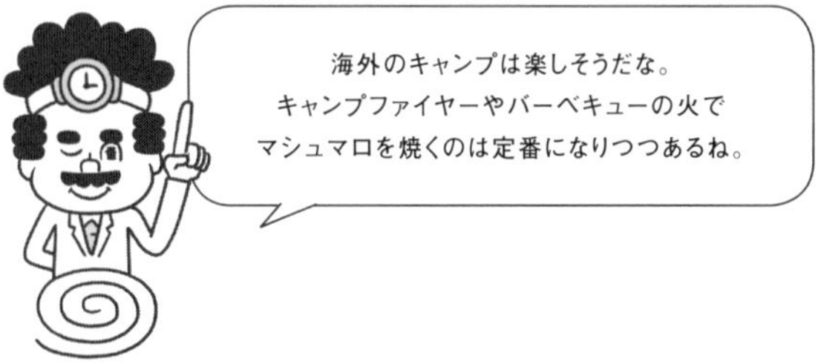

海外のキャンプは楽しそうだな。
キャンプファイヤーやバーベキューの火で
マシュマロを焼くのは定番になりつつあるね。

True or False

1. **T** 筆者はちょうど今、サマーキャンプに来ている。
2. **T** 筆者の姉はサマーキャンプに行ったことがある。
3. **F** 筆者は男の子だ。
4. **F** カヌーをしているとき、筆者は湖に落ちた。
5. **T** 筆者はキャンプの歌を歌わなければならなかった。

Vocabulary

1. **c** （旗）
2. **b** （湖）
3. **a** （楽しい）

Comprehension 解答例

1. **(They went out on the lake to learn) how to use a canoe.**

   ［訳］なぜキャンプをする人たちは湖に行ったのですか。
   彼らはカヌーの使い方を学ぶために湖に行きました。

2. **b** ［訳］筆者はほとんど毎晩キャンプファイヤーをすると言っている。

Summary 解答例

Title: Summer Camp
The writer has been at summer camp for two weeks now. It's been way more fun that she thought it would be. A few days ago, they played Capture the Flag, and her team won. Yesterday, they went out on the lake to learn how to use a canoe. They have campfires every night, except when it rains. It is a great experience.

［訳］タイトル：サマーキャンプ
筆者は今、2週間のサマーキャンプに行っている。それは彼女が思っていたよりはるかに楽しいものだ。数日前には、キャプチャー・ザ・フラッグをして、彼女のチームが勝った。昨日はカヌーの使い方を学ぶために湖へ出かけた。雨のとき以外は毎晩、キャンプファイヤーをする。とてもすばらしい経験だ。

ソクドクターへの回答例

My family and I went to my grandparents' house last summer. I went fishing with my grandfather.

［訳］あなたは昨年の夏休みにどこに行きましたか。そこで何をしましたか。
昨年の夏、家族と私は祖父母の家に行きました。私は祖父とつりに行きました。

【全訳】

有名な格言に「女子を教育すれば、国を教育したことになる」というものがある。日本はこの格言の期待にこたえている国の1つだ。北海道のある電車の駅は「女子を教育する」ことを援助するためだけに、3年特別に開けていた。

華奈さんは、たった36人しかいない小さな場所である白滝に住んでいた十代の若者だった。町は、以前はもっと大きかったが、多くの人が都会へ引っ越すために町を離れてしまった。2012年、ほとんど乗客がいなかったため、JR北海道は華奈さんの地元の駅である旧白滝駅を閉めることを決めた。しかしその後、鉄道会社は華奈さんが、35分かかる一番近い高校へ通うためにその駅が必要だということを知った。鉄道会社は決定を変えて、彼女のためだけにその静かな駅を開けておくことに決めたのだ！

学校の日はいつも、華奈さんは午前7時16分に電車に乗り、ちょうど午後4時53分に電車を降りた。部活動の後、家に帰る電車に乗るために一生懸命走らなければならない日もあった。学校が休みの日には、電車はまったく旧白滝駅には停車せず、完全に通り過ぎた。鉄道会社は彼女の授業のスケジュールに鉄道のスケジュールを合わせたのだ！　ほとんどの日、彼女が電車に乗るたったひとりの人だった。

2016年の3月に華奈さんが高校を卒業した後、ついに駅はとびらを閉めた。華奈さんは駅が閉まるのを見るのは悲しいと言った。「私は過去3年間この駅で乗り降りして、この駅の存在はあって当たり前のものとなっていました」と彼女は言った。「それが姿を消してしまうと思うととても悲しい気持ちになります。今は感謝の気持ちでいっぱいです」

駅の最後の日、さようならを言うために住民が集まった。「旧白滝駅、69年間、ありがとう！」と書かれた幕がそこに置かれた。

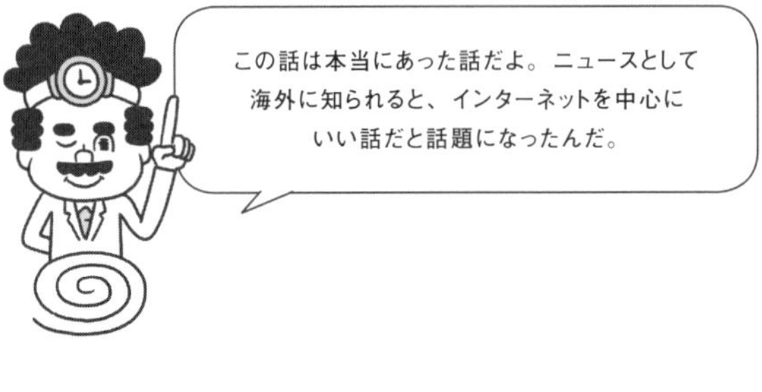

この話は本当にあった話だよ。ニュースとして
海外に知られると、インターネットを中心に
いい話だと話題になったんだ。

True or False

1. **F** 「女子を教育すれば、男子を教育したことになる」は有名な格言だ。
2. **T** 以前、白滝にはもっとたくさんの人がいた。
3. **T** 鉄道会社は華奈さんのために旧白滝駅を開けておくことに決めた。
4. **F** 電車は旧白滝駅に毎日停車した。
5. **F** 駅は華奈さんが卒業する少し前に閉められた。

Vocabulary

1. **a** （十代の若者／13歳から19歳の人）
2. **c** （客／何かにお金を払う人）
3. **b** （悲しい／うれしくない）

Comprehension 解答例

1. **(She) got on the train at 7:16 a.m. and got off at 4:53 p.m.**

   [訳]華奈さんは何時の電車に乗り降りしましたか。
   彼女は午前7時16分に電車に乗り、午後4時53分に降りました。

2. **c→a→d→b**

   [訳]2012年、JR北海道は旧白滝駅を閉めることを決めた。→鉄道会社は華奈さんが学校に通えるように駅を閉めないことを決めた。→鉄道会社は華奈さんの授業のスケジュールに合わせて鉄道のスケジュールを調整した。→旧白滝駅は2016年の3月についに閉められた。

Summary 解答例

Title: Kyu-Shirataki Station and a High School Girl
The Hokkaido Railway Company decided to close Kyu-Shirataki Station in 2012 because there were too few customers. But the company decided to keep the station open for a girl who used the train to go to high school. The station finally closed after she graduated from high school in 2016.

[訳]タイトル：旧白滝駅と女子高生
JR北海道は、ほとんど乗客がいなかったため、2012年に旧白滝駅を閉めることを決めた。しかし高校へ通うのに電車を使う少女のために駅を開け続けることを決めた。2016年に彼女が高校を卒業した後、ついに駅は閉まった。

ソクドクターへの回答例

I leave home at 7:30 and arrive at school at 8:00. I walk to school every day.

[訳] あなたは毎日何時に学校に行きますか。どうやって行きますか。
私は7時半に家を出て、8時に学校に着きます。毎日歩いて学校に行きます。

【全訳】

マイケルはカリフォルニアに住んでいる。昨年、彼は日本を訪れた。ある日、彼は新しい友だちのサチコが通りを歩いているところに出くわした。マイケルは「やあ、サチコ。土曜日にぼくと野球の試合を見に行かない？　京都コアラズがテキサステディベアーズと試合するんだ。特別な国際試合なんだ。すごくわくわくすると思うよ」と言った。

「ありがとう、マイケル。でもだめなの。私、土曜日は一日中サッカー部の練習があるのよ。それにしても野球チームにしてはおかしな名前ね。本物だと思えないわ。その名前、あなたが作ったんじゃないの？」とサチコはたずねた。

「そうだよ」マイケルは言った。「本当のチームじゃないよ。でもさ、君は毎日放課後にサッカーの練習をしているんじゃないの？　なぜ土曜日も練習するの？」

サチコは驚いた。「私たちはいつも土曜日に練習しているのよ。よく日曜日にも練習するわ。アメリカでは週末は部活動がないの？」と彼女はたずねた。

「ぼくたちは中学校ではあまり部活動はしないんだよ。多くの子どもが週末は、音楽のレッスンやスポーツなんかの特別講習を受けるんだ。でもそれは学校ではしないよ。それに週1回するだけなんだ。ぼくは毎週土曜日にテニスをするよ。ぼくの友だちのお父さんがコーチなんだ。彼の名前はジョーンズさんだよ」

「私たちのコーチはみんな学校の先生よ」

「ぼくたちは週末、先生にはまったく会わないよ。中学生は全員、部活動に参加するの？」マイケルはたずねた。

「ええ、ほとんど全員が参加するわ。部活動はただ練習のためだけのものじゃないのよ。部活動のほかのメンバーと友だちにもなるわ。協力する方法や、助け合う方法を学ぶのよ」とサチコは言った。

「わあ！　それは難しそう……でもおもしろそうだね！」マイケルは言った。

「マイケル、なぜあなたはおかしな野球チームの名前を作ったの？」サチコがたずねた。

マイケルは言った。「君を笑顔にさせたかったんだよ。笑うとかわいいからね」

サチコはまた驚いた。「ありがとう、マイケル。あなたはすてきな男の子ね。友だちでよかったわ」

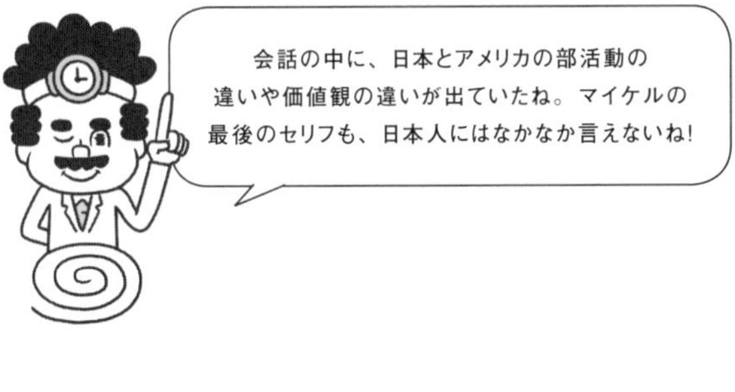

会話の中に、日本とアメリカの部活動の
違いや価値観の違いが出ていたね。マイケルの
最後のセリフも、日本人にはなかなか言えないね!

True or False

1. **T** サチコは毎週土曜日にサッカーを練習している。
2. **F** テキサステディベアーズは本当の野球チームだ。
3. **F** ジョーンズさんは野球のコーチだ。
4. **F** マイケルは毎週末先生に会っている。
5. **T** サチコはマイケルをすてきな男の子だと思っている。

Vocabulary

1. **b** （週末／土曜日と日曜日）
2. **c** （練習／うまくなるために何かをすること）
3. **a** （ほほ笑む／口角を上げること）

Comprehension 解答例

1. **(They learn) how to work together (and) help each other.**

   ［訳］子どもたちは学校の部活動から何を学びますか。
   彼らは協力する方法や、助け合う方法を学びます。

2. **c** ［訳］マイケルは毎週土曜日にテニスをする。

Summary 解答例

Title: Clubs and Friends
Sachiko has soccer practice after school every day and on Saturday, too. In the United States, they don't really have school clubs in junior high school. In Japan, almost every junior high school student joins a club. Clubs are not just for practice. Everyone also make friends with other club members, and they learn how to work together and help each other.

［訳］タイトル：部活動と友だち
サチコは毎日の放課後と、土曜日にもサッカーの練習がある。アメリカでは、中学校ではあまり部活動はない。日本では、ほとんどすべての中学生が部活動に参加している。部活動は練習のためだけのものではない。みんなはまた、ほかの部活動のメンバーと友だちになったり、協力する方法や助け合う方法を学んだりしている。

ソクドクターへの回答例

Yes, I am. I am in a volleyball club. I have practice after school every day and on Saturdays.

［訳］あなたは部活動に入っていますか。週末に練習がありますか。
はい。私はバレーボール部に入っています。毎日の放課後と毎週土曜日に練習があります。

【全訳】

ケイトはほんの5歳だが、両親は算数を学び始めるべきだと考えた。彼らは家庭教師を雇った。最初のレッスンで、先生はどのくらいケイトがわかっているかを見るためにちょっとした問題を与えた。「お父さんがあなたに2羽のウサギをあげるとしましょう。もう2羽、そしてもう2羽あげたら、あなたはウサギを何羽飼うことになる？」

「7羽！」ケイトはすばやく答えた。

その後、先生は彼女に言った。「ケイト、注意深く聞いて。お父さんがあなたに2羽のウサギと、もう2羽あげたとしましょう。そしてあともう2羽あげたら、あなたはウサギを何羽飼うことになるでしょう？」

「7羽！」ケイトはまた自信たっぷりに言った。

先生は質問を少し変えることにした。「わかったわ、ケイト。これはどうかしら？　お母さんがあなたにリンゴを2個と、もう2個リンゴをあげて、そしてもう2個あげたら、あなたは何個リンゴを持っている？」

「6個！」ケイトが答えた。

「よくできました、ケイト！　正しい答えよ。じゃあ、もう一度ウサギの質問をするわね。お父さんがあなたに2羽のウサギと、もう2羽のウサギ、そしてあと2羽のウサギをあげます。あなたは何羽のウサギを飼っている？」

ケイトは先生をじっと見て答えた。「7羽！」

先生はどうすればいいのかわからずまったくのお手上げだった。彼女はとてもゆっくり、穏やかに言った。「なぜリンゴは計算できるのに、ウサギは計算できないのかな。2＋2＋2＝6でしょう！　違う？」

「そうよ」

先生は深く考えた。「ああ……、あなたにあげる人と関係があるのかしら？　お父さんがあなたに何かをあげたら7になる。でも、お母さんがあなたに何かをあげたら6になる。そういうことかな？」

「違うわ、先生」ケイトは少し驚いたように答えた。「ただ私がすでにウサギを1羽飼っているからよ。私の寝室にいるわ」

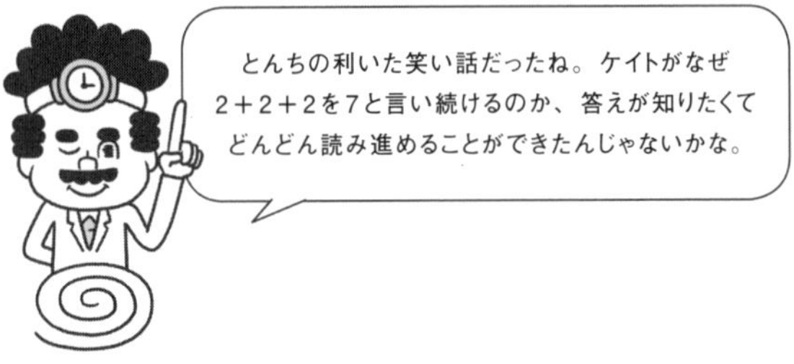

とんちの利いた笑い話だったね。ケイトがなぜ
2＋2＋2を7と言い続けるのか、答えが知りたくて
どんどん読み進めることができたんじゃないかな。

True or False

1. **T** ケイトは家庭教師と算数を学び始めた。
2. **T** ケイトは最初の質問に自信をもって答えた。
3. **F** ケイトは簡単な数字を足すことができない。
4. **T** 家庭教師は、ケイトはウサギを計算できないのだと思った。
5. **F** ケイトは家でウサギを7羽飼っている。

Vocabulary

1. **c** （算数／足し算や引き算、かけ算など）
2. **a** （～を合計する／物のすべての数を計算すること）
3. **b** （レッスン／学ぶための時間）

Comprehension 解答例

1. **She has one rabbit.**

[訳]ケイトは何羽のウサギを部屋で飼っていますか。
彼女はウサギを1羽飼っています。

2. **d→b→c→a**

[訳]ケイトは最初のウサギの問題で「7」と答えた。→ケイトは2回目のウサギの問題でまた「7」と答えた。→ケイトはリンゴの問題で「6」と答えた。→ケイトはウサギの問題で「7」と答えたのはなぜかを説明した。

Summary 解答例

Title: Kate and Math
Kate was learning math with her private teacher. The teacher asked her “If your father gives you two rabbits and then two more, and then he gives you another two, how many rabbits will you have?” But Kate answered “7.” The teacher asked the same question again and again. But she answered “7” again. The teacher did not know that Kate had a rabbit in her room.

[訳]タイトル：ケイトと算数
ケイトは家庭教師と一緒に算数を学んでいた。先生は「お父さんがあなたにウサギを2羽あげて、また2羽あげて、さらにもう2羽あげたら、あなたはウサギを何羽飼うことになるでしょうか？」と彼女に聞いた。しかし、ケイトは「7羽」と答えた。先生は同じ質問を何度もした。でも彼女はまた「7羽」と答えた。先生は、ケイトが部屋で1羽のウサギを飼っていることを知らなかったのだ。

ソクドクターへの回答例

No, I’m not. I like Japanese very much.

[訳]あなたは数学が得意ですか。もしそうではないなら、あなたの好きな科目は何ですか。
いいえ、得意ではありません。私は国語がとても好きです。

【全訳】

みなさん、おはようございます。私の名前はリサ・ヘンダーソンです。2、3分いただいて、ジェファーソン中学の写真部について話したいと思います。まず、フィネガン校長先生、私たちに朝礼の間に話す時間を少しとってくださりありがとうございます。私たちはチラシやポスターを作っていますが、まだもっとメンバーがほしいのです！

みなさんは全員、携帯電話に付いたカメラを持っていますね。でも、時々ほかの人の写真を見て、「なぜ私の写真はあんなに上手じゃないのだろう？」と思うことはないでしょうか。友だちが好むような休みの日の写真を撮ってみたくはありませんか？　もっと上手な自分撮り写真の撮り方を学びたくはないですか？　友だちのファッション写真を撮りたくはないですか？　そして、専門的なカメラの使い方を学びたくはないですか？　えー、写真部はこれらのすべてのことをあなたに教えます。あなたが試すことができるいくつもの違う種類のカメラがあるのです。フルサイズのカメラできれいな写真の撮り方を学んだら、もう二度と携帯電話のカメラを使いたいとは思わなくなるかもしれません。

私たちは放課後、毎週木曜日の夕方に集まっています。ここ学校で写真撮影の練習をするときもあれば、近所の別の場所へ行くこともあります。昨年、クラブは自然撮影のために週末、タートル湖への旅行にも行きました。

もし、昨年の卒業アルバムを持っていたら、私たちの写真を何枚かすでに見たことがあるでしょう。毎年、学校のスポーツイベントや学園祭、集会の写真を撮るのは私たちの仕事なのです。ですから、もしあなたの写真をたくさんの人に見てもらいたかったら、これはチャンスなのです！　クラスメイトは永遠に卒業アルバムを保管しておくでしょう。でももっと重大なことは、写真撮影はおもしろいので、ぜひ私たちのクラブに参加してほしいということです！　だからもしやってみたいと思ったら、カフェテリアの外に登録用紙があります。または私に声をかけてもいいですよ。ご清聴ありがとうございました！

スピーチ形式の文章だったね。写真部に
ついて紹介する内容だったから、主語はwe、
呼びかける相手の全校生徒はyouだったな。

True or False

1. **T**　話し手は写真部の新しいメンバーを探している。
2. **F**　そのクラブは携帯電話のカメラだけを使う。
3. **T**　そのクラブは毎週木曜日に集まっている。
4. **F**　その学校はタートル湖にある。
5. **F**　そのクラブの登録用紙は卒業アルバムの中にある。

Vocabulary

1. **a**　（写真）
2. **b**　（携帯電話）
3. **c**　（旅行する）

Comprehension 解答例

1. **(They can see the club's photos) in the school yearbook.**
   [訳]生徒はどこでクラブの写真を見ることができますか。
   彼らはクラブの写真を学校の卒業アルバムで見ることができます。
2. **d**　[訳]話し手はクラブにはいくつもの違う種類のカメラがあると言っている。

Summary 解答例

Title: New Members for the Photography Club
Lisa Henderson is talking about her photography club during morning assembly. They want more members. They meet every Thursday evening after school. Sometimes they practice photography in the school, but they also go to other places around the neighborhood. There is a sign-up sheet to join the club outside the cafeteria.

[訳]タイトル：写真部の新しいメンバー
リサ・ヘンダーソンは朝礼で写真部について話している。もっとメンバーがほしいのだ。彼らは毎週木曜日の放課後の夕方に集まっている。学校で写真撮影の練習をするときもあれば、近所の別の場所に行くこともある。カフェテリアの外にクラブに参加するための登録用紙がある。

ソクドクターへの回答例

I want to take pictures of the sky because the sky is always changing.

[訳]あなたはカメラでどんな写真を撮りたいですか。理由も教えてください。
空は常に変化しているので、私は空の写真を撮りたいです。

【全訳】

みなさん、こんにちは。みなさんはここマレーシアでの時間を楽しんでいることと思います。私たちは今、クアラルンプールのツアーの2日目です。数分のうちに、美しいバトゥ洞窟に入る予定です。ここから見えるように、かなり急な上り階段があります。頂上へは272段あります。だから、みなさんの体調が良いといいなと思っています。

外にあるこのとても大きな金の像はヒンズー教の神、ムルガンです。像は2006年にできあがり、約43メートルの高さがあります。マレーシアで最も高い像です。洞窟の中にある神殿はずっと古いものです。最も古いものは1890年に建てられました。でも、神殿が建てられる前は、洞窟は中国人の農園主によって使われていました。中には嫌な感じがする人もいるかもしれないのですが、この農園主たちは洞窟の中からコウモリのふんを集めたのです。彼らは野菜を育てるのにふんを使いました！

コウモリについて言えば、まだ中にはたくさんのコウモリが住んでいます。洞窟はとてもとても大きく高いので、もしあなたの頭の上を何匹かコウモリが飛んでいるのを見ても驚かないでください。でも心配はいりません。コウモリたちはあなたを傷つけないでしょう。一方、サルについては同じことは言えません！　バトゥ洞窟はまた、何百匹ものサルのすみかでもあります。かわいいかもしれませんが、このサルの周りではどうか気をつけてください。多くの観光客がこの小さな悪魔に食べ物を取られています。もし食べ物を持っているなら、かばんやリュックサックに入れて、見えない所に隠してください。また、あなたの所持品はしっかり持っていてください。時々サルが人の手からそのままカメラを取ってしまうことさえあるのです！

ではそのことを心にとめて、階段を上り始めましょう！　ほかの人よりも上るのが速い人もいるかもしれませんが、時間は十分にあります。だから心配しないでください。みなさん、頂上でお会いしましょう。

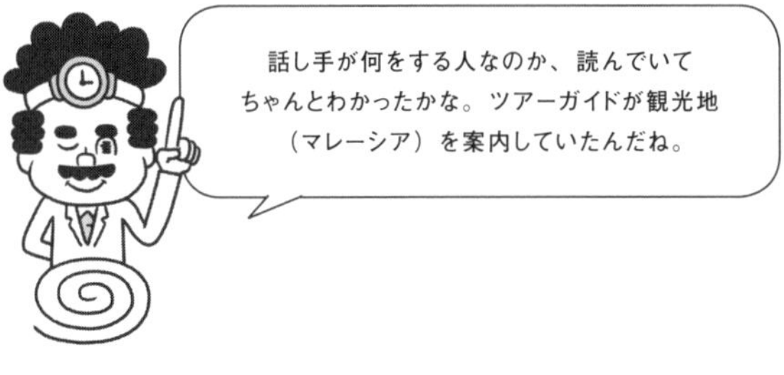

話し手が何をする人なのか、読んでいて
ちゃんとわかったかな。ツアーガイドが観光地
（マレーシア）を案内していたんだね。

True or False

1. **F** 話し手はテレビのアナウンサーだ。
2. **F** 人々は洞窟に入るのにいくつか階段を下りなければならない。
3. **F** 洞窟の前の像は小さな銀のゾウだ。
4. **T** 洞窟の中にはたくさんのコウモリがいる。
5. **T** サルは時々人々から物を盗む。

Vocabulary

1. **c** （コウモリ）
2. **b** （～を集める）
3. **a** （像）

Comprehension 解答例

1. **(They collected) bat droppings.**

[訳]昔、農園主は洞窟の中で何を集めましたか。
彼らはコウモリのふんを集めました。

2. **b→c→a→d**

[訳]中国人の農園主が洞窟を使った。→たくさんの神殿が洞窟の中に建てられた。→大きい像が洞窟の外に建てられた。→ツアーグループが到着した。

Summary 解答例

Title: A Tour of Kuala Lumpur
On the second day of the tour of Kuala Lumpur, the tour guide and the tourists will go into the beautiful Batu Caves. Many years ago, Chinese farmers collected bat droppings from inside the caves. There are still plenty of bats living inside. But they don't hurt people. However, many tourists have lost their food to monkeys. The tourists have to be careful around them.

[訳]タイトル：クアラルンプールのツアー
クアラルンプールのツアーの2日目、ツアーガイドと観光客は美しいバトゥ洞窟へ入るところだ。昔、中国人の農園主が洞窟の中からコウモリのふんを集めた。まだ中にはたくさんのコウモリが住んでいる。でもコウモリは人を傷つけない。しかし、多くの観光客がサルに食べ物を奪われている。観光客はサルの周りでは気をつけなければならない。

ソクドクターへの回答例

Yes, I have. I've entered Nippara-Shonyudo. It is a cave in Tokyo.

[訳]あなたは洞窟に入ったことはありますか。あるならば、それはどこでしたか。
はい。私は日原鍾乳洞に入ったことがあります。それは東京にある洞窟です。

【全訳】

サムと彼の2人の妹たちは居間の床でトランプ遊びをしていた。サムは勝っていたのでうれしかった。突然、彼はあることを思い出した。「ねえ、金曜日って何の日か知っている？」と彼はたずねた。

「もちろん」とジェシーが言った。「あと1週間で学校がおしまい！」

「そうだよ、そうなんだ。でもほかにも何かある。冷蔵庫のところのカレンダーをちょっと見て」とサムが言った。

「いいわ、でも私のカードを見ないでね！」ジェシーはそう言って、台所へ行き、カレンダーを見た。戻ってきてほほ笑んで座った。「やっとわかったわ」彼女は言った。

「教えて、教えて」とエマが言った。エマは一番年下だ。「私だって知りたいわ！」

「ママの誕生日よ！」とジェシーが言った。「何かあげなきゃね……でも何を？」

「子犬よ！」エマが手をたたきながら言った。「ママに子犬をあげよう！」

サムは考え深げに頭を振った。「いいや、だめだよ。ぼくたちにとってはおもしろいけど、子犬は本当にしなければいけないことがたくさんあるんだ。ママはきっとこれ以上仕事はいらないはずだよ！」

ジェシーは言った。「私たちはママをリラックスさせてあげるための何かをあげるべきね。CDはどうかしら？」

またサムは頭を振った。「むこうの隅にある全部のCDを見て。ママは全然CDを聞いていないよ」

「ママはピアノを弾くのが好きよね」とエマが言った。「多分ピアノの本をあげるのがいいと思う」

「ねえ、それっていい考えね」ジェシーはそう言って、妹にちょっとハグをした。

「うん、とてもいい考えだね。明日お店へ行って何があるか見てみよう」とサムは言った。

ジェシーはほほ笑んだ。そして勝ち札を居間のじゅうたんの上に置いた。サムはショックを受けているようだった。

「君の勝ちだ！」と彼は言った。「信じられない。ぼくは絶対トランプ遊びで負けないのに！」

小さいエマは笑った。「人生って驚きでいっぱいなのよ、サム！」と彼女は言った。

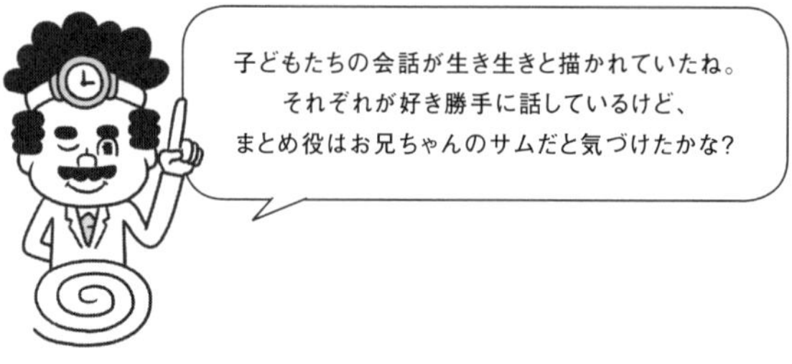

子どもたちの会話が生き生きと描かれていたね。
それぞれが好き勝手に話しているけど、
まとめ役はお兄ちゃんのサムだと気づけたかな？

True or False

1. **F**　子どもたちはボードゲームをしていた。
2. **T**　カレンダーは台所にあった。
3. **F**　彼らのお母さんの誕生日は日曜日だ。
4. **T**　エマはお母さんに子犬をあげるべきと考えた。
5. **F**　サムはいつもゲームで負けている。

Vocabulary

1. **a**　（台所／食事を用意する部屋）
2. **b**　（居間／座って話したり、リラックスしたりする部屋）
3. **c**　（リラックスする／働いた後に休むこと）

Comprehension 解答例

1. **(She) plays the piano.**

   [訳]子どもたちのお母さんは何を弾きますか。
   彼女はピアノを弾きます。

2. **b**　[訳]エマはジェシーの妹だ。

Summary 解答例

Title: A Birthday Present for Mom
Sam remembered mother's birthday is on Friday. Sam and his two younger sisters thought about what they should get her. Emma wanted to give her a puppy. Jessie wanted to get her some CDs. But Sam didn't like those ideas. Finally, they decided to get her a piano book because she likes to play the piano.

[訳]タイトル：ママへの誕生日プレゼント
サムは金曜日がお母さんの誕生日だということを思い出した。サムと2人の妹はお母さんに何をあげるべきか考えた。エマは子犬をあげたいと思い、ジェシーはCDをあげたかった。でもサムはその考えが好きではなかった。結局、彼らはお母さんにピアノの本をあげることに決めた。なぜなら彼女はピアノを弾くのが好きだからだ。

ソクドクターへの回答例

I think they will buy a piano book for their mother.

[訳]このお話はどのように続くと思いますか。
彼らはお母さんにピアノの本を買うのだと思います。

【全訳】

サムと彼の妹のジェシーとエマは放課後、お母さんの誕生日プレゼントを探しにショッピングセンターへ行った。彼らは彼女に楽譜を買いたかった。

「ああ、なんてことだ！」とサムが言った。「まさにここに楽器屋さんがあったはずなんだけど……なくなってしまったよ」

「あらまあ」とジェシーが言った。「最近、たくさんお店が閉店しているわ。だから今ではたくさんの人がコンピューターで物を買うのよ」

「ペットショップはまだここにあるわ！」エマがうれしそうに言った。「ママに子犬を買ってあげられる！」

ジェシーは頭を振った。「ごめんね、エマ。私たち、子犬は買わないわ。ううん……、何かほかに買えるかしら？」

「あっちにギフトショップがあるよ」サムが言った。「多分あそこで何か見つけられるよ」

3人の子どもたちはそのお店に入っていった。そこはすてきな物でいっぱいだった。「いらっしゃいませ」とその店で働く女性が言った。

「ぼくたち、ママの誕生日のために何か見つけたいんです」とサムが言った。「何をあげたらいいかわからなくて。ぼくたちのお金を合わせると、だいたい30ドルあります」

「こちらにきれいなティーポットがいくつかありますよ」と店員が言った。「この6個のカップとティーポットは今、セールで19ドル99セントです」

「わあ、それはいいな！」とサムが言った。「でもママはあまり紅茶を飲まないんです。あの写真立てはいくらですか」

「これですか？　23ドル99セントです。12枚、写真を入れられるんですよ」と女性は言った。

「完ぺき！」とジェシーは言った。「私のカメラに私たちのすてきな写真がたくさんあるの。全部見て、いいのを見つけよう」

「いいね！」とサムが言った。「ぼくの友だちのトムは、家にプリンターを持っているんだ。多分、写真を印刷するために使わせてもらえると思う……」

「私の一番の写真はここ……ちょうど真ん中ね」とジェシーが冗談を言った。

でも、エマは頭を振った。「そこは子犬のための場所よ！」

「だめだよ、エマ」と、サムとジェシーが一緒に言った。「ぼくたち、犬はあげないよ！」

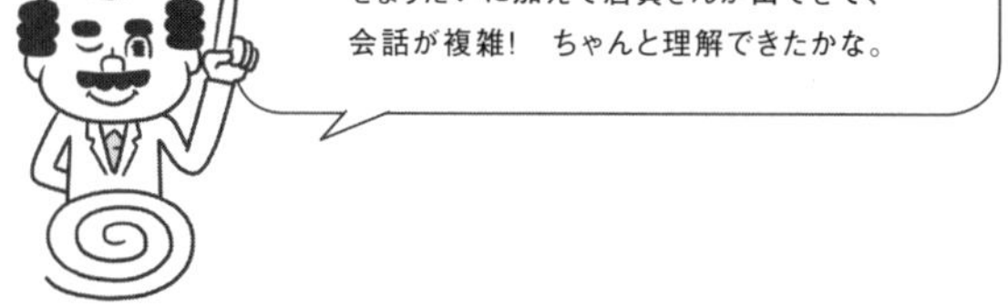

前回のストーリーからの続きだったね。3人のきょうだいに加えて店員さんが出てきて、会話が複雑！　ちゃんと理解できたかな。

True or False

1. **F** 子どもたちは母の日のプレゼントを探していた。
2. **F** 子どもたちは楽器屋へ入った。
3. **T** ティーポットには6個の紅茶用カップが付く。
4. **T** 子どもたちはその写真立てを買うのに十分なお金を持っていた。
5. **T** ジェシーのカメラにはたくさん写真が入っていた。

Vocabulary

1. **b** （～を見つける）
2. **a** （閉店する）
3. **c** （～を探す）

Comprehension 解答例

1. **(They) are at a shopping mall.**

   [訳]子どもたちはどこにいますか。
   彼らはショッピングセンターにいます。

2. **b→a→d→c**

   [訳]子どもたちは楽器屋を探した。→彼らはギフトショップに入った。→店員は彼らにいくつかのティーポットを見せた。→彼らは写真立てを見た。

Summary 解答例

Title: A Birthday Present for Mom
Sam and his sisters went to the shopping mall after school to look for a birthday present for their mother. They wanted to buy her a music book. But the music store was gone. They went into the gift shop and found a photo frame and decided to buy it. Jessie had a lot of family photos in her camera. They are going to choose the best ones.

[訳]タイトル：ママへの誕生日プレゼント
サムと妹たちはお母さんへの誕生日プレゼントを探すために、放課後ショッピングセンターへ行った。彼らはお母さんに楽譜を買いたかったが、楽器屋はなくなっていた。彼らはギフトショップに入って写真立てを見つけ、それを買うことに決めた。ジェシーはカメラに多くの家族写真を持っていた。その中からいい写真を選ぶつもりだ。

ソクドクターへの回答例

I want to buy a teapot for my mother because she drinks tea every morning.

[訳]あなたはお母さん／お父さんの誕生日に何を買いたいですか。
母は毎朝、紅茶を飲むので、私は彼女にティーポットを買いたいです。

【全訳】

日本という国は、たくさんの島々から成る。その島々のほとんどは、美しく高い山々でおおわれている。しかし、その山々では食物を育てる農場を作ることが難しい。農地の大部分は米と野菜を育てるのに使われる。だから日本人はたくさんの魚やほかの海産物を食べるのだ。そういうわけで日本人は多くの種類の魚の名前を知っている。しかし、たいていの人が見たことのない魚の種類もいくつかある。

海の奥深くには、ほとんど太陽の光はない。しかしそれでもそこにはたくさんの種類の生き物が住んでいる。これらの海の生き物はとても奇妙な形と色をしている。深い海の中で暗いので、中には目をとても大きく発育させた魚もいる。とても長い歯を持ったものもいる。とても奇妙なので、悪い夢を見てしまいそうだ！

もちろん、人々はそんなに深くは泳げないが、海の最も深くて暗い部分で使うことができる特殊なカメラがある。そのカメラはこれらの奇妙な動物を撮ることができるので、誰もがそれらを見ることができるのだ。しかし、ここに悲しい事実がある。それは、特殊なカメラが撮る写真が空き缶や古いびん、ビニール袋のようなごみも私たちに見せることだ。

地球の海の大部分が、今、とても汚れていて、ごみでいっぱいになっている。魚やそのほかの生き物がそんな汚い水の中で生きていくのは難しい。私たちは海にごみを捨てるのをやめなければならない。人々や陸の動物、海の生き物が、ともに生きるために地球をきれいで安全な場所に保つ必要があるのだ。

私たちの惑星は、山々の頂上から海の底まで、とてもきれいな場所なのだ。私たちの子どもたちやそのまた子どもたちが地球の美しい自然を楽しむことができるよう望むのなら、私たちはそれを守らなければならないのだ。

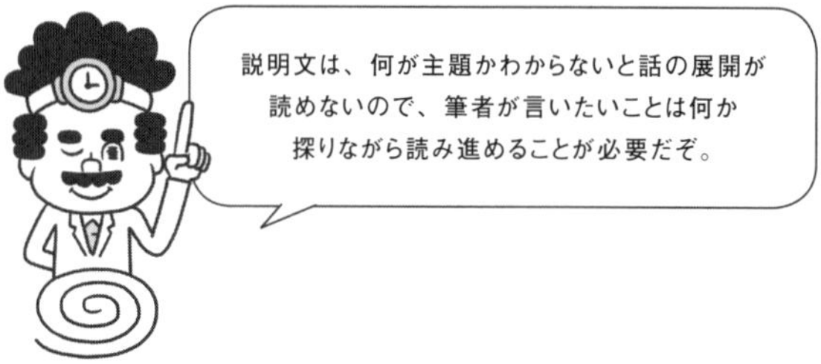

説明文は、何が主題かわからないと話の展開が
読めないので、筆者が言いたいことは何か
探りながら読み進めることが必要だぞ。

True or False

1. **F** 日本は農場におおわれている。
2. **F** ほとんどの日本人はすべての種類の魚の名前を知っている。
3. **F** 海の深くにはたくさんの生き物はいない。
4. **T** 地球の海は今、きれいではない。
5. **T** 特殊なカメラは海の奇妙な動物の写真を撮影できる。

Vocabulary

1. **a** （空の／中に何もない）
2. **c** （地球／私たちが住んでいる惑星）
3. **b** （ごみ／私たちが捨てるもの）

Comprehension 解答例

1. **(Because there is) very little sunlight.**

   [訳]なぜ海の深くには奇妙な生物がいるのですか。
   ほとんど太陽の光がないからです。

2. **d** [訳]人々が海に古いびんやビニール袋を捨てると、海が汚くなる。

Summary 解答例

Title: The Beautiful Planet
There are special cameras that can be used in the deepest oceans. They can take pictures of ocean creatures. But the photos also show us garbage. Many parts of the earth's oceans are now very dirty. We must stop throwing garbage into the oceans. Our planet is a very beautiful place. We need to keep the earth clean and safe for all creatures.

[訳]タイトル：美しい惑星
海の最も深いところで使うことができる特殊なカメラがある。それらは海の生き物の写真を撮ることができる。しかしその写真は、ごみもまた私たちに見せる。地球の海の大部分が今、とても汚れている。私たちは海へごみを捨てるのをやめなければならない。私たちの惑星はとても美しい場所だ。私たちはすべての生き物のために地球をきれいで安全に保つ必要がある。

ソクドクターへの回答例

Yes, I have. I saw some of them when I went to the aquarium.

[訳]あなたは深海に住む奇妙な生き物を何か見たことがありますか。
はい、見たことがあります。水族館に行ったときにいくつか見ました。

【全訳】

今日の発表では、私の新しい楽器をお見せしたいと思います。それは何だと思いますか？　去年の夏、私は日本の祖母を訪ねました。そして私は祖母がこの楽器を弾いているのを聞いて、とても楽しみました。私もそれを弾いてみたいと思ったのです！　祖母は日本のとても南の方にある島に住んでいます。その島は沖縄と呼ばれていて、この楽器はそこから来たものです。アジアのバンジョーのようで、三線（さんしん）と呼ばれます。「3本の弦」という意味で、見ての通り、3本の弦があります！　中国の楽器のように見えます。沖縄と中国は以前、とても親密な関係がありました。三線は約600年前に沖縄にやって来たのかもしれないのです！

それを蛇皮線（じゃびせん）と呼ぶ人もいます。「ヘビ革の弦」という意味です。昔は、楽器の胴体には必ずヘビの革が張られていました。でも、これはプラスチックでできています。私はヘビの革が張られた三線をアメリカへ持って帰りたくありませんでした。空港でトラブルになるのが怖かったからです！　楽器のネックを見てください。1片の木からできています。ここにあるこの小さな駒は、ウマと呼ばれ、革から弦を持ち上げています。竹でできています。この太い弦は男弦（絃）です。真ん中の弦は……中弦（絃）と呼ばれます。そしてこの細い弦は女弦（絃）です。この角状のものが見えますか？　バチと呼ばれるものです。指にはめて演奏します、こんなふうに。

私は自分の三線を使って沖縄の民謡を演奏するのが大好きです。でも三線でポップスやロックさえも演奏できる人がいるのですよ！　さて、何か弾いてみますね。えええと……ごめんなさい、私はまだそんなに上手ではないのです。でも世界で一番の音楽家でさえも、初歩から始めなくてはならなかったのですから！

これもスピーチ（Show & Tell）形式だったね。
musical instrumentが楽器だと気づければ
すぐに入り込める内容だったんじゃないかな。

True or False

1. **T** 話し手の祖母は日本に住んでいる。
2. **F** バンジョーは中国から来たのかもしれない。
3. **F** 話し手の三線はヘビの革が張られている。
4. **T** ネックの部分は1片の木でできている。
5. **F** 弦は駒の下を通っている。

Vocabulary

1. **b** （ヘビ）
2. **c** （楽器）
3. **a** （～を聞く）

Comprehension 解答例

1. **(She lives on the island of) Okinawa.**

   ［訳］話し手の祖母はどこに住んでいますか。
   彼女は沖縄という島に住んでいます。

2. **b** ［訳］話し手は三線で民謡を弾く。

Summary 解答例

Title: Sanshin
The speaker's grandmother lives in Okinawa. The speaker enjoyed hearing his/her grandmother play the sanshin there last summer. The sanshin might have arrived in Okinawa from China about 600 years ago. Sanshin means "three strings." In the old days, sanshin always had a snakeskin covering. The speaker loves playing Okinawan folk songs on his/her sanshin.

［訳］タイトル：三線
話し手の祖母は沖縄に住んでいる。昨年の夏、そこで祖母が三線を弾くのを聞いて楽しんだ。三線は約600年前に中国から沖縄にやって来たのかもしれない。三線とは「3本の弦」という意味だ。昔は、三線には必ずヘビの革が張られていた。話し手は三線で沖縄の民謡を演奏するのが大好きだ。

ソクドクターへの回答例

Yes, I can. I can play the violin.

［訳］あなたは楽器を演奏することができますか。もし「はい」ならば、それは何の楽器ですか。
はい。私はバイオリンを弾くことができます。

Lesson 17

【全訳】

　クリスはお母さんとケリーおばさんと一緒に公園にいた。彼らはゆるやかで草が茂る丘の上の長いベンチに座っていた。ケリーおばさんのそばのベビーカーには生まれたばかりの赤ちゃんがいた。彼女とクリスのお母さんは赤ちゃんの話をしていた。赤ちゃん、赤ちゃん、赤ちゃんばかり。クリスは退屈だった。彼はイヤホンを付けて、携帯電話でゲームをしていた。

「ジャングルジムで遊んできたら？」とお母さんは提案した。

「ぼくは12歳だよ、ママ！」

「ええと、それじゃあ」とケリーおばさんは言った。「あなたはすっかり大きくなったから、私たちがトイレに行く間、ベビーカーを見ていてくれないかしら？」

　クリスは顔を上げずに「うん、いいよ」と言った。しかし、おばさんが彼を赤ちゃんが見られるくらいの年だと思ってくれたことがひそかにうれしかった。彼はゲームを続けていて、2人の女性たちはトイレへ行くのに立ち上がった。

　しばらくして、突風がクリスの髪を顔の方に吹きつけた。しかし、彼は髪を払って、ベビーカーを見た。

　ベビーカーは丘を下っていた！　クリスは怖くなった。丘の下には木でできたフェンスがあった。もし赤ちゃんがフェンスにぶつかったら……！　彼は携帯電話を落とし、走り始めた。クリスはこれまで一度もそんなに速く走ったことはなかった！　ベビーカーはでこぼこした草の上でバウンドし、クリスはベビーカーがひっくり返ると確信した。しかしそうはならなかった。そして、ベビーカーがフェンスに当たる少し前に、クリスはハンドルをつかみ、それを止めたのだ。彼は急いで横にまわりこみ、赤ちゃんにけががはないか確かめるために毛布を引き下げた。

　しかし、赤ちゃんはいなかった。

　クリスは丘を見上げて、彼のお母さんと一緒にベンチの方へ歩いているケリーおばさんを見た。赤ちゃんは無事に彼女の腕の中にいた。クリスは安心してため息をついた。

「うーん、少なくとも、ぼくはベビーカーを救ったんだ」と彼は思った。

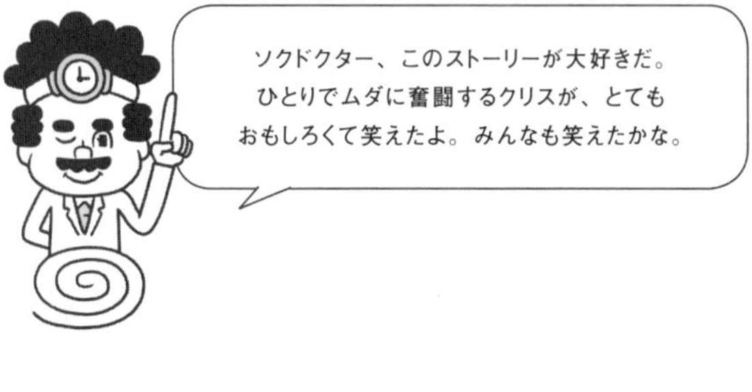

ソクドクター、このストーリーが大好きだ。
ひとりでムダに奮闘するクリスが、とても
おもしろくて笑えたよ。みんなも笑えたかな。

True or False

1. **F** クリスは彼の小さな弟と公園にいた。
2. **T** クリスは携帯電話でゲームをしていた。
3. **F** クリスはうっかりベビーカーを丘の下へ押してしまった。
4. **F** クリスは携帯電話を手に持って走った。
5. **T** クリスはベビーカーが衝突する前に止めた。

Vocabulary

1. **b** （退屈な／興味がないと感じる）
2. **a** （ベビーカー／赤ちゃんのための動くベッド）
3. **c** （毛布／寝るときに覆う厚い布）

Comprehension 解答例

1. **(Because) his mother and aunt were talking about babies.**

   [訳]なぜクリスは公園で退屈だったのですか。
   彼のお母さんとおばさんが赤ちゃんの話をしていたからです。

2. **c** [訳]クリスが走っていたとき、ベビーカーは草の上でバウンドした。

Summary 解答例

Title: Chris and the Baby Carriage
Chris was sitting on a bench at the top of a hill with his mother and his aunt Kelly. Kelly had a baby in a baby carriage. Kelly asked Chris to watch the carriage for a while. When a gust of wind blew, he saw the carriage was rolling down the hill. He caught it before it hit the fence. But there was no baby inside. The baby was safely in Kelly's arms.

[訳]タイトル：クリスとベビーカー
クリスは丘の上のベンチにお母さんとケリーおばさんと一緒に座っていた。ケリーはベビーカーで赤ちゃんを連れていた。ケリーはクリスにしばらくベビーカーを見ていてほしいと頼んだ。突風が吹いたとき、彼はベビーカーが丘を下っているのを見た。彼はベビーカーがフェンスにぶつかる前に捕まえた。しかし、中に赤ちゃんはいなかった。赤ちゃんは無事にケリーの腕の中にいたのだった。

ソクドクターへの回答例

I think Kelly was taking the baby to the restroom to change its diaper.

[訳]なぜ赤ちゃんはケリーの腕の中にいたのでしょうか。あなたはどう思いますか。
私は、ケリーは赤ちゃんのおむつを取り替えるために赤ちゃんをトイレへ連れて行ったのだと思います。

【全訳】

ロマニー人はとてもおもしろい民族集団だ。彼らは世界中に住んでいるが、主にヨーロッパやアメリカ大陸で出会うことができる。彼らにはまさに彼ら自身のものだと言える国はないが、彼らの行くところどこにでも居を構えている。その結果、ロマニー人は多くの異なる国籍や宗教をもっている。一方で、彼らは多彩な音楽に対する愛など、分かち合っているものがいくつかある。

しかし、ロマニー人はどこからやってきたのだろうか？　多くの科学的研究によると、これらの人々はもとは北インドから来たということだ。ロマニー人の先祖は約1000年前にインドを去り始めた。なぜ彼らが移動を始めたのかは本当に誰も知らないが、時間をかけて、彼らはゆっくりとヨーロッパとアフリカを横断した。約1000年にわたって広がった後、彼らは中央・西ヨーロッパに到着した。

ところで、何がロマニー人を独特なものにさせたのか？　はじめに、ロマニー人の子どもたちの大部分がバイリンガルに成長する。もちろん、彼らは住んでいる国の言葉を話さなければならない。しかし、彼らはまた、ヨーロッパのほとんどの言語と似ていない、ロマニー語を共有している。それゆえに、フランスではロマニー語とフランス語、ドイツではロマニー語とドイツ語を話す。ロマニー語はそれぞれの国で少しずつ違っているかもしれないが、トルコからのロマニー人はいまだにさほど問題なくチェコ共和国からのロマニー人と話すことができる。

歴史を通して、その土地の人々はよくロマニー人を見下していた。なぜならロマニー人の移民はその土地の人がしていたのと同じ方法で暮らすことを拒否したからだ。ロマニー人は泥棒や魔法使い、もっと悪いものだとさえ非難された。なぜだろうか？　だいたいは、彼ら自身の伝統を守り、保ち続けて、その土地の人々とうまく混ざらなかったからだ。これらの問題は今日でもまだ続いている。しかし、時とともに、ますます多くの人たちがロマニーの文化を理解し、尊敬するようになっている。

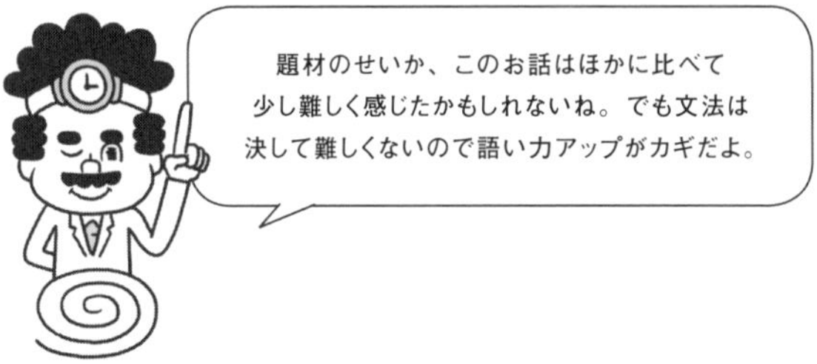

題材のせいか、このお話はほかに比べて
少し難しく感じたかもしれないね。でも文法は
決して難しくないので語い力アップがカギだよ。

True or False

1. **T** ロマニー人は多彩な音楽を愛している。
2. **F** 科学的研究によるとロマニー人はローマ出身ということだ。
3. **T** なぜロマニー人が移動を始めたか誰も知らない。
4. **F** ほとんどのロマニー人はロマニー語だけを話すことができる。
5. **T** ロマニー人は時々その土地の文化に受け入れられない。

Vocabulary

1. **c** （バイリンガルの／2つの言語を話す能力のある）
2. **b** （〜を共有する／ほかの人たちと一緒に何かを使うこと）
3. **a** （〜を拒む／何かにいいえと言うこと）

Comprehension 解答例

1. **(Because Romani people) don't live the same way as the local people do.**

   [訳]なぜその土地の人々はよくロマニー人を見下すのですか。
   ロマニー人はその土地の人々がするのと同じ方法で暮らさないからです。

2. **d** [訳]ロマニー人のほとんどはヨーロッパとアメリカ大陸に住んでいる。

Summary 解答例

Title: The Romani
Most Romani live in Europe and the Americas. They speak the language of the country in which they live. But also they share the Romani language. The local people often look down on the Romani because Romani settlers refuse to live the same way as they do. But more and more people are learning to understand and respect their culture.

[訳]タイトル：ロマニー人
ほとんどのロマニー人がヨーロッパやアメリカ大陸に住んでいる。彼らは住んでいる国の言葉を話すが、ロマニー語も共有している。その土地の人々は、ロマニー人の移民が彼らと同じような方法で暮らすことを拒否するために、よくロマニー人を見下す。しかし、ますます多くの人たちが彼らの文化を理解し、尊敬するようになっている。

ソクドクターへの回答例

This is my first time to hear of the Romani. I want to know about their culture.

[訳]あなたはロマニー人について聞いたことがありますか。ロマニー人についてどう思いますか。
今回、私は初めてロマニー人について聞きました。私は彼らの文化について知りたいです。

【全訳】

宛先：原田圭介
差出人：ニール・マックロード
日付：9月15日金曜日
件名：Re：明日のゲームの日！

やあ、圭介、

ママが、明日の11時ごろにいらっしゃいって言っているよ。それで最初にお昼ご飯を食べるんだ。ママがぼくたちにマカロニチーズを作ってくれるって。いつもベーコンとかいろいろな物が入っているんだよ。とてもおいしいよ。でも心配しないで、ぼくはたくさんおやつも用意してあるんだ。テレビゲームをしている間、一日中おやつを食べちゃいけないってママは言うけど、ぼくはそれを問題とは思わない。ぼくにとっては土曜日を過ごす完ぺきな方法だと思うんだ！

とにかく、君はバスで来るんだよね？　君の家からだと、5番のバスに乗ればいいよ。クロフォード通りのバス停で降りてね。クロフォードで止まらない急行のバスに乗っちゃだめだよ。その後は歩かなきゃいけないんだ。ぼくの家はビクトリー通りの23番地だよ。地図を見ると、ちょっと難しいと思うかもしれない。近隣の道は全部曲がりくねっているんだ。道をたどって行くと、バス停から15分かかるよ。でも、道をたどらないで行くもっと近道もあるんだよ。

バスを降りたら、左に曲がって歩き始めてね。最初の交差点を過ぎたら、右に公園が見えるんだ。そのまま歩くと、公園のすぐ後に小道が見えてくるよ。この小道を歩いてね。ビクトリー通りに出るよ。すぐわかるよ。右にもう一度曲がって、左手の5軒目がぼくたちの家。青いドアで、白いれんが造りの家なんだ。この方法で来ると、たったの5分で着くよ。ぼくの説明が難しかったらごめんね。実際はすごく簡単なんだ。わかると思うよ。

君に会うのを楽しみにしているよ！　ぼくはストリート・レイダー2のゲームを買ったんだ。すごいんだよ！　君は前にオリジナルの方のゲームをやったんだっけ？　2つ目はもっとおもしろいと思うよ。

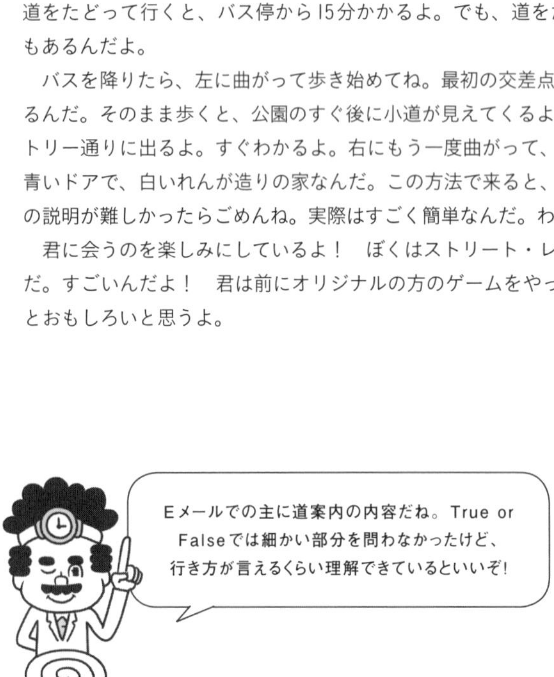

Eメールでの主に道案内の内容だね。True or
Falseでは細かい部分を問わなかったけど、
行き方が言えるくらい理解できているといいぞ!

True or False

1. **T**　ニールのお母さんは少年たちのために昼食を作るつもりだ。
2. **F**　圭介はニールの家へタクシーで行く。
3. **F**　ニールと圭介は公園で会う。
4. **T**　ニールと圭介はテレビゲームをするつもりだ。
5. **T**　ニールは圭介に会うのを楽しみにしている。

Vocabulary

1. **a**　（～を降りる）
2. **c**　（おやつ）
3. **b**　（曲がる）

Comprehension 解答例

1. **(Because the express bus) doesn't stop at Crawford.**

   [訳]なぜ圭介は急行のバスに乗るべきではないのですか。
   急行のバスはクロフォードに止まらないからです。

2. **c**　[訳]ニールの家は青いドアの白い家だ。

Summary 解答例

Title: Game Day
Keisuke is going to visit Neil's house to play video games with him tomorrow. From Keisuke's house, he needs to take the No. 5 bus and get off at the Crawford Street bus stop. It will take him 15 minutes from the bus stop to Neil's house. But if he goes the shorter way, it's only a five-minute walk.

[訳]タイトル：ゲームの日
圭介は明日、ニールとテレビゲームをするために彼の家を訪ねる予定だ。圭介の家からは、5番のバスに乗り、クロフォード通りのバス停で降りる必要がある。バス停からニールの家までは15分かかるだろう。でも、近道をすれば、たったの徒歩5分で着く。

ソクドクターへの回答例

Turn left out of the station and go straight. You will see the post office on your right. Turn left there, and our house is the third one on the right.

[訳]最寄りの駅からあなたの家までの行き方を教えてください。
駅を出て左に曲がって、まっすぐ進んでください。右手に郵便局が見えます。そこを左に曲がると、私たちの家は右手の3軒目にあります。

【全訳】

みなさん、おはようございます。今日は、あなた方の先生に頼まれてここにやって来ました。私の人生において、世界がいかに変わってきたかをお話ししましょう。世界は今、まったく違っている、と言っておきましょう。

私は作家です。私はあなた方のような若い人向けの物語を書いています。でも、「作家(writer)」という言葉はちょっとおもしろいんですよ。私がとても若かったとき、鉛筆を使って紙に物事を書いていました。高校で、私はペンを使い始めました。大学では、タイプライターを使って物事を「書いて (wrote)」いました。今では、私は仕事のすべてをコンピューターでこなします。実際に私は何も「書いて (write)」いません。すべてタイプしているのです。あなた方はタイプライターを多分見たこともないと思います。

変化したもう1つのことはテレビです。私が若かったとき、テレビは小さな絵のついた大きな箱でした。すごくスペースを取りました。ほとんどの家庭では、たった1台のテレビを持ち、居間に置いていました。今では、テレビはとても大きいですが薄くて平らです。テレビ番組をコンピューターでも見られるので、私はテレビを持ってもいません。

もう1つの大きな違いは買い物です。私が若かったときは、何かほしい物があれば、買うためにお店に行かなければなりませんでした。でも、私はあまり買い物が好きではありませんでした。今では、電話やコンピューターでほとんど何でも注文できて、あっという間に家に届きます。そういうのは大好きです。とても簡単で便利ですね。

私がすべての中で一番驚くべき、大きな変化だと思うのは、携帯電話です。1つの小さな箱の中に、電話もあれば、カメラとビデオカメラ、計算機、ノート、辞書、テレビ、そして地図もあります。私はそれを、音楽を録音したり、再生したりするのに使います。本や新聞を読むのにも使えます。

でも、私の秘密を教えてあげましょう。私の大好きな携帯電話の使い方は、ゲームをすることなのです!

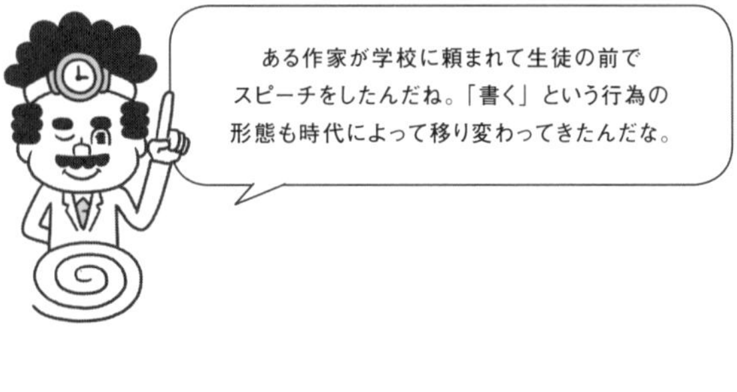

ある作家が学校に頼まれて生徒の前で
スピーチをしたんだね。「書く」という行為の
形態も時代によって移り変わってきたんだな。

True or False

1. **T** 話し手は若者向けの物語を書いている。
2. **F** 話し手はいつもペンで書く。
3. **F** 話し手はテレビを1台持っている。
4. **T** 話し手は買い物が好きではなかった。
5. **T** 話し手は携帯電話でゲームをする。

Vocabulary

1. **a** （コンピューター）
2. **c** （作家）
3. **b** （薄い）

Comprehension 解答例

1. **(Because it is) easy (and) convenient.**

   [訳]なぜ話し手はコンピューターで買い物をするのが好きなのですか。
   簡単で便利だからです。

2. **b→d→c→a**

   [訳]話し手は鉛筆で書く。→話し手はペンで書く。→話し手はタイプライターで書く。→話し手はコンピューターで書く。

Summary 解答例

Title: Times Change
When the speaker was young, he/she wrote things using a pencil, a pen and a typewriter. Televisions were big boxes. But now, they are very large but thin and flat. He/She can order almost anything by telephone or computer. The biggest change is the cellphone. His/Her cellphone has a telephone, but it also has a camera, a video camera, a calculator, a notebook, a dictionary, a TV and maps. He/She loves to play games on it.

[訳]タイトル：時代の変化
話し手が若かったとき、鉛筆やペン、タイプライターを使って物事を書いた。テレビは大きな箱だった。しかし今ではテレビはとても大きいが、薄くて平らだ。電話やコンピューターではほとんど何でも注文できる。一番大きな変化は携帯電話だ。彼／彼女の携帯電話には電話はもちろん、カメラ、ビデオカメラ、計算機、ノート、辞書、テレビ、地図が付いている。彼／彼女は携帯電話でゲームをするのが大好きだ。

ソクドクターへの回答例

Yes, I do. I can contact my friends and family at any time.

[訳]あなたは携帯電話を便利だと思いますか。
はい、思います。いつでも友だちや家族と連絡が取ることができます。

【全訳】

これは私が高校生のときの話だ。月曜日の朝のこと、私は駅で到着する電車を待っていた。私は学校へ行くところだった。

80歳くらいに見える、ひとりの老婦人が駅員と話していた。彼女は市ヶ谷駅への行き方を知りたかったのだ。男性が彼女にていねいに行き方を教えた。それからその老婦人は彼にお礼を言ってお辞儀をした。彼女が腰を曲げたとき、彼女の財布が手から落ちて地面に当たった。そのとき財布が開き、床中に硬貨をまき散らした。彼女は細い指で1枚ずつお金を拾い始めた。電車を待っていた人たちが集まり、そのお金を集めて老婦人に戻した。もちろん、私も手伝った。

老婦人はとても感謝して、その気持ちを示したかった。彼女はあらゆる方向にとても低く頭を下げて、みんなにお礼を言い始めた。そのとき、彼女のショルダーバッグが地面に落ち、入っていたすべての物が床中に飛び散った。彼女の顔は赤くなった。もう一度、そばにいた人たちが老婦人の物を集め始め、親切に彼女にそれらを返した。私は転がっていく口紅を拾うために走った。彼女はそれを私の手から取り、小さくほほ笑んだ。彼女は自分を助けるのに、みんなが貴重な時間をとても多く消費したことを謝った。「このように助けていただいて本当にありがたいです」と彼女は言った。そして私たちの方へ深くお辞儀を始めた。

みんなは急いで「だめ——！」と彼女に言った。そして老婦人はまっすぐに立ち上がり、ほほ笑んだ。駅にいたすべての人がどっと笑った。

ほほ笑ましい笑い話だったね。情景描写が多い文章だったけど、「くり返し」の展開が読めればわからない表現があっても先を想像できるんだ。

True or False

1. **F** 金曜日の朝のことだった。
2. **T** 老婦人は市ヶ谷駅へ行きたかった。
3. **F** 老婦人は一度だけお辞儀をした。
4. **T** 老婦人の周りの人々は親切だった。
5. **F** 筆者は老婦人の財布を拾った。

Vocabulary

1. **b** （ていねいな／礼儀正しい）
2. **a** （落ちる／地面の上に落下すること）
3. **c** （～に礼を言う／彼・彼女がした何かに対してうれしいと言うこと）

Comprehension 解答例

1. **(Because) they didn't want her to drop her things again.**

   [訳]なぜ人々は老婦人がお辞儀をすることを止めたのですか。
   彼女に物をもう一度落としてほしくなかったからです。

2. **b→d→a→c**

   [訳]老婦人が市ヶ谷駅への行き方をたずねた。→老婦人が財布を落とした。→老婦人のかばんが地面に落ちた。→老婦人がお辞儀をするのをみんなが止めた。

Summary 解答例

Title: An Old Lady at the Station
After an old lady asked a member of the station staff how to get to Ichigaya Station, she thanked him and bowed. Then her wallet dropped and the coins spread out. The people waiting for a train collected them for her. She thanked everyone and bowed. Then her bag fell, and all her things flew across the floor. Everyone collected them and returned them to her again. When she began to bow deeply again, everyone stopped her, and all the people laughed.

[訳]タイトル：駅にいたある老婦人
ある老婦人は駅員に市ヶ谷駅への行き方を聞いた後、彼女は彼にお礼を言いお辞儀をした。すると財布が落ち、硬貨が散らばった。電車を待っている人たちは彼女のためにそれを集めた。彼女はみんなにお礼を言い、お辞儀をした。するとかばんが落ちてすべての物が床中に飛び散った。みんなはまたそれを集め、彼女へ戻した。彼女が再び深くお辞儀を始めたとき、みんながそれを止め、すべての人たちが笑った。

ソクドクターへの回答例

I'm going to give up my seat for an elderly person.

[訳]もし電車の中でお年寄りを見かけたら、あなたはどうしますか。
私はお年寄りに私の席をゆずります。

【全訳】

親愛なるおばあちゃんへ

お母さんが、7月におばあちゃんの家へ行く予定だと言っていたわ。とてもわくわくしているの！　私、ミドルタウンにあるおばあちゃんの大きな家が大好き。庭に咲いているきれいな花が大好き。庭で遊びたいな。それから、おばあちゃんと一緒に動物園に行きたい。たくさん動物を見たいわ。私が動物、特にクマとライオンとゾウが大好きなのを知っているよね。私は動物園が世界で一番好きな場所だと思うんだ。

買い物にも連れて行ってくれる？　ミドルタウンにあるお店が好きなの。新しい洋服や靴が何足かほしいな。何か買ってくれるかしら？　一緒にレストランにも行きたいな。ピザとハンバーガーをたくさん食べたいわ。そして、アイスクリームをたくさん食べたい！　買い物をして食べた後は、映画を見に行ってもいい？　ラブストーリーとアクション映画が好きなの。

私の誕生日は7月よ。11歳になるの。おばあちゃんの家で大きなパーティーをしたいな。おばあちゃんにおいしいチョコレートケーキを作ってほしい。私の大好きなデザートなの。それからクッキーとキャンディーも作ってほしいな。

私の親友の名前はスーザンていうの。私たちは毎日一緒に学校まで歩いているのよ。時々一緒に宿題をするんだ。でも私たちの大好きなことはゲームで遊ぶこと。だから私の誕生日にいくつかゲームを買ってくれるかな？　去年、お母さんとお父さんは誕生日に新しい自転車を買ってくれたの。スーザンは私にかわいい人形をくれた。おばあちゃんは私の誕生日にいくつかおもちゃを買ってくれる？

私、ほしい物がいっぱいあると思うの。その中でも一番ほしい物は何だと思う？　おばあちゃんのうれしそうな顔が見たいの！

愛をこめて、

ジョディより

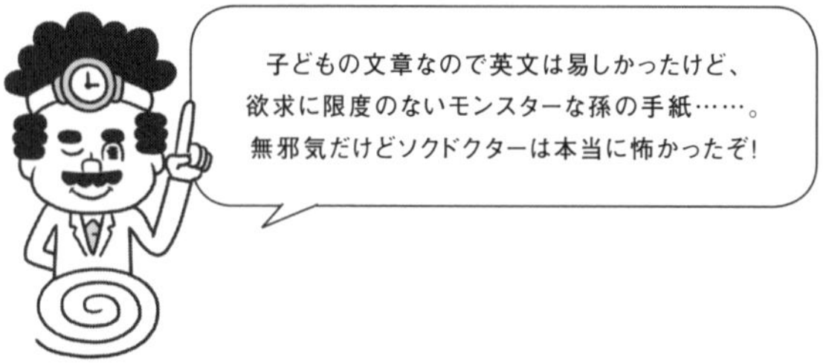

子どもの文章なので英文は易しかったけど、
欲求に限度のないモンスターな孫の手紙……。
無邪気だけどソクドクターは本当に怖かったぞ！

True or False

1. **F** ジョディは12月におばあちゃんを訪ねる予定だ。
2. **T** ジョディは動物が大好きだ。
3. **T** ジョディのおばあちゃんのチョコレートケーキはおいしい。
4. **T** ジョディは昨年、新しい自転車をもらった。
5. **F** スーザンがこの手紙を書いた。

Vocabulary

1. **a** （大好きな）
2. **c** （服）
3. **b** （わくわくする）

Comprehension 解答例

1. **(She) lives in Middletown.**

   [訳]ジョディのおばあちゃんはどこに住んでいますか。
   彼女はミドルタウンに住んでいます。

2. **c** [訳]ジョディは7月に11歳になる。

Summary 解答例

Title: Letter to Grandma
Jody will visit her grandma's house in July. She wants to go to a lot of places and do a lot of things with her grandmother. For example, she wants to go to the zoo. She also wants to go shopping and go see a movie. Jody's birthday is in July. She wants to have a party at her grandma's house. She wants too much!

[訳]タイトル：おばあちゃんへの手紙
ジョディは7月におばあちゃんの家を訪ねる予定だ。彼女はおばあちゃんといろいろな場所に行って、いろいろなことをしたいと思っている。例えば、動物園に行きたい。買い物や映画にも行きたいと思っている。ジョディの誕生日は7月だ。彼女はおばあちゃんの家でパーティーがしたいと思っている。彼女はほしいものがありすぎる！

ソクドクターへの回答例

My birthday is August 11. I want a new watch.

[訳]あなたの誕生日はいつですか。誕生日には何がほしいですか。
私の誕生日は8月11日です。私は新しい腕時計がほしいです。

【全訳】

なるほど、あなたは最終的に勇気を振り絞って特別な人をデートに誘うことができたんだね！　よくやった！　しかしもうパニックが始まっている。あなたはひとり言を言っているかもしれない。「ああ、どこに行こう？　何をしよう？　そして何について話そう？」と。

まず、どこに行くべきではないかについて、いくつかアドバイスをしよう。テーマパークには行ってはいけない。1時間も一緒に列に並んで待たなくてはならないかもしれない。とても退屈だ！　楽しい会話を続けられるくらいには、互いに相手のことを十分に知らないだろうし、自分のスマートフォンを見始めるのはとても失礼だ。代わりに映画に行こう。映画の後でコーヒーショップに行って、その映画について何が好きで何が好きでなかったかを話し合うことができる。多分いくつかの点について意見が違っていて、すばらしい話し合いになるかもしれない！

このことは私を別の提案へと導く。同じ点を好きでなくても心配しないことだ。共通点を見つけることは良いことだが、もしあなたたちがすべてのことについてまったく同じように考えるとしたら、とてもとても退屈だろう。一番良いデートというのは、双方が新しい世界の見方を学んでいると感じるものである。

コーヒーを少しずつ飲んでいる間に、デートの相手にいくつか興味深い質問をしてみよう。つまり、あなたが本当に彼または彼女について知りたいことだ。そして自分が話すよりも相手の話を少しだけ多く聞くようにしよう。

最後に、秘密の情報だ（どうかこのことは誰にも言わないでほしい）。デートの相手をタワーか高層ビルのてっぺんに連れて行こう。彼または彼女が下にいる小さい人や車を見下ろすと、相手の心臓の鼓動がより速くなるだろう。しかしあなたたちの心臓がドキドキしているのは高さのせいなのか、それとも2人がとても近くに一緒に立っているからなのだろうか……？　脳にはその本当の違いがわからないのだ。幸運を祈る！

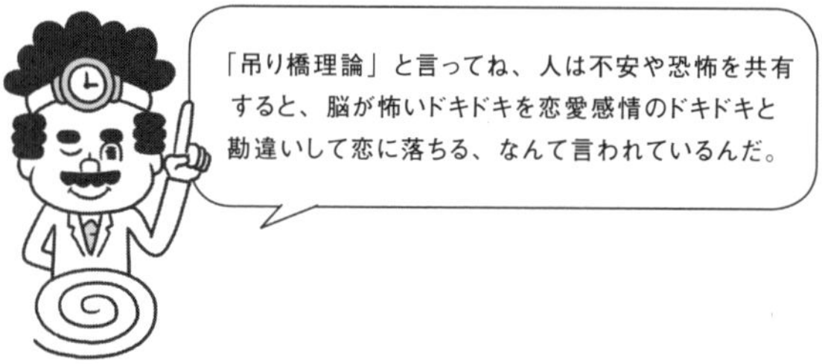

「吊り橋理論」と言ってね、人は不安や恐怖を共有すると、脳が怖いドキドキを恋愛感情のドキドキと勘違いして恋に落ちる、なんて言われているんだ。

True or False

1. **F** テーマパークは初めてのデートに完ぺきな場所だ。
2. **F** 退屈な時にスマートフォンを見るのは問題ない。
3. **T** 映画を見に行くことは良い考えだ。
4. **T** あなたが本当に知りたいことについて、いくつか質問をしよう。
5. **F** デートの相手を高い場所に連れて行ってはいけない。

Vocabulary

1. **b** (パニック/恐怖の感情)
2. **a** (会話/2人かそれ以上の人の間での話のやりとり)
3. **c** (共通の/共有された)

Comprehension 解答例

1. **(A good place to go is) a coffee shop so that you can talk about the movie.**

   [訳]映画を見た後に行くと良い場所はどこですか。
   その映画について話すことができるので、行くと良い場所はコーヒーショップです。

2. **c** [訳]あなたが話すよりも多く聞くほうがよい。

Summary 解答例

Title: The Perfect First Date
Here are some tips for a great date. Don't go to a theme park. A good idea is to go see a movie. You can go to a coffee shop after and talk about the movie. If you go to a high place, your date's heart might beat faster. Is it because of you?

[訳]タイトル:完ぺきな初めてのデート
すばらしいデートのためのいくつかのヒントがある。テーマパークには行ってはいけない。良いアイディアは映画を見に行くことだ。その後コーヒーショップに行って、その映画について話すことができる。もし高いところに行くなら、あなたのデートの相手の心臓の鼓動は速くなるかもしれない。それはあなたのせいだろうか?

ソクドクターへの回答例

I'll ask him/her what kind of music he/she likes.

[訳]初めてのデートであなたはどんな質問をしますか。
私は彼/彼女にどんな種類の音楽が好きかをたずねます。

【全訳】

かわいらしいキーウィは世界でただ1つの場所だけに住んでいる。それはニュージーランドだ。実は、ニュージーランド出身の人々はよく、この変わった鳥のためにキーウィズと呼ばれる。ニワトリくらいの大きさだが、キーウィは実際にはダチョウと関係がある。そしてダチョウのように、飛ぶことができない。キーウィは危険から逃げるのにその強い足に頼っている。逃げることができない場合は、攻撃して戦う。キーウィはその大きさにしては相当強いのだ。

キーウィのつばさはとても小さいので、厚い毛の層の下で見ることさえできない。しかし、この「毛」は実際には羽毛の一種だというのが事実だ。キーウィは飛ぶ必要がないので、羽毛は飛ぶのに適した形に発達する必要がなかった。その代わり、それらは今はまるで動物の毛に見えるように、時間をかけてゆっくりと変わったのだ。ニュージーランドの寒い冬の間をキーウィが温かくいられるのに役立つことにより、その羽毛は動物の毛のような働きもする。

もう1つキーウィについては変わったことがある。ほとんどの鳥は嗅覚がするどくないが、キーウィは驚くべき嗅覚をもっている。キーウィはくちばしのつけ根ではなく、くちばしの先端に鼻の穴がある。その普通以上に長い鼻で地面を掘り、ミミズやそのほかの食べ物のにおいをくんくんかぐ。犬のように、キーウィはにおいをかいでその周囲を確認するのにその鼻を使いさえするのだ。においをかぐときに時々出すかなり大きい音で、それはよく知られている。

不運にも、キーウィはニュージーランド中で危機に直面している。捕食者はほとんどおらず、普通は捕獲されない。しかし、人々がキーウィの住む森の多くを切り倒している。また、時に野良犬や野良猫がキーウィをつかまえて殺してしまうこともある。私たちがこの興味深い鳥を、完全なる絶滅から守ることができるといいのだが。

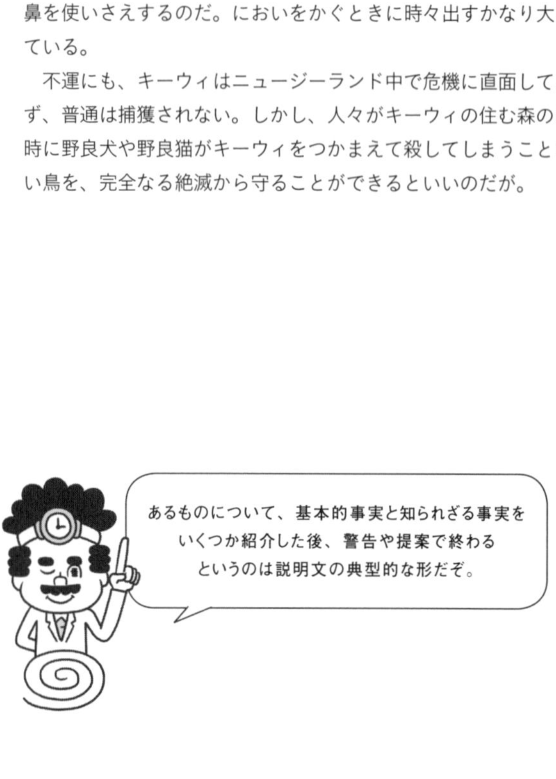

あるものについて、基本的事実と知られざる事実を
いくつか紹介した後、警告や提案で終わる
というのは説明文の典型的な形だぞ。

True or False

1. **F**　キーウィはダチョウくらいの大きさだ。
2. **T**　キーウィは実際には相当強い。
3. **T**　キーウィの羽毛はキーウィを温かく保つのに役立つ。
4. **F**　キーウィの嗅覚は良くない。
5. **F**　キーウィは人間による狩りのため危機に直面している。

Vocabulary

1. **c**　（飛ぶ）
2. **b**　（つばさ）
3. **a**　（～を狩る）

Comprehension 解答例

1. **(The kiwi's nostrils are) at the tip of its beak.**

［訳］キーウィの鼻の穴はどこにありますか。
キーウィの鼻の穴はくちばしの先端にあります。

2. **a→c→d→b**

［訳］キーウィは危険から逃げるために強い足を使う。→キーウィの羽毛は毛のようだ。→キーウィは食べ物を探して地面のにおいをかぐ。→キーウィはよく野良猫や野良犬に殺される。

Summary 解答例

Title: The Adorable Kiwi
The kiwi is about the size of chicken, but it is quite strong. The kiwi's wings are very small. Its feathers work like animal fur. The kiwi has an amazing sense of smell like a dog. Unfortunately, it is in danger, because people have cut down many of the forests they live in. And stray dogs and cats sometimes kill them, too.

［訳］タイトル：かわいらしいキーウィ
キーウィはニワトリくらいの大きさだが、相当強い。キーウィのつばさはとても小さい。その羽毛は動物の毛のような働きをする。キーウィはまた、犬のような驚くべき嗅覚をもっている。不運にも、キーウィは危機に直面している。人々がキーウィの住む森の多くを切り倒しているからだ。また、時に野良犬や野良猫に殺されてしまうこともあるのだ。

ソクドクターへの回答例

Yes, I do. The Asian Elephant is also in danger. People have cut down many of the forests they live in.

［訳］危機に直面しているそのほかの動物を何か知っていますか。
はい。アジアゾウも危険な状態です。アジアゾウの住むたくさんの森を人間が切り倒しています。

【全訳】

みなさん、こんにちは！　ぼくの名前は克邦です。でも、カツと呼んでください。はい、はい、ネコ（キャッツ）みたいに聞こえますよね？　みなさんに覚えてもらいやすいでしょう。

ぼくは日本の広島出身です。ぼくはそこにある家で両親と弟のノブと一緒に住んでいます。秋田犬も飼っています。彼は5歳でとても強いんです。誰かがドアのところに来ると、何度もほえます。知らない人が好きではないんです。後で、ぼくの家族と犬の写真を何枚か見せましょう。

ぼくの好きな教科は英語と地理です。ぼくは世界についてすべてが知りたいんです！　ぼくは背が高いから、バスケットボールチームに入っていますが、上手ではありません。大人になったら何になりたいかはわかりません。

誰か広島に行ったことのある人はここにいますか。広島にはお好み焼きと呼ばれる特別な料理があります。それはパンケーキのようだけれども、たくさんのおもしろい材料で作られています。ぼくの家に来たら、作ってあげますよ！　絶対に気に入ると思います。

広島の近くには宮島と呼ばれる島があります。とても特別な場所です。お寺と神社で有名ですが、その島ではたくさんのすばらしいことができます。ぼくはそこでハイキングに行くのが大好きです。でも、島にいるシカは怖いんです。あるとき、ぼくがフライドポテトをシカにあげなかったら、シカはぼくのおしりをかんだんです！　島には本当に美しい山があります。山を登るためにロープウエーに乗ることもできますよ。でも、そこに住んでいるサルには注意してください。サルは物を盗みます。ある日、ぼくが少しの間カメラのかばんを下に置いたら……、なくなっていたんです！

さあ、ぼくのことすべてがわかりましたね。今度はあなたのことを知るのを楽しみにしています！

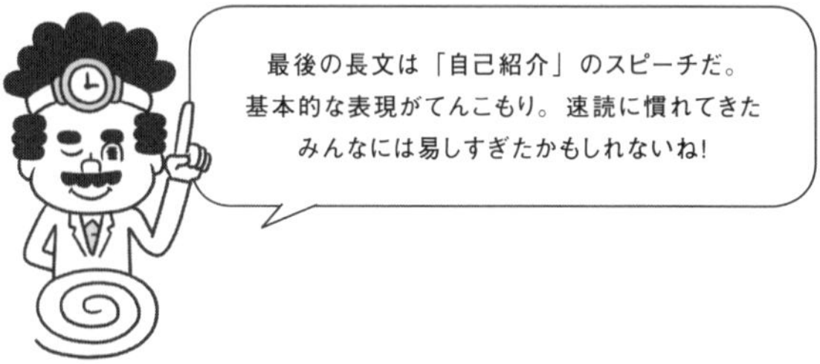

最後の長文は「自己紹介」のスピーチだ。
基本的な表現がてんこもり。速読に慣れてきた
みんなには易しすぎたかもしれないね!

True or False

1. **F**　カツは東京出身だ。
2. **F**　カツの犬はみんなにフレンドリーだ。
3. **T**　カツは英語と地理が好きだ。
4. **F**　カツは背が低い。
5. **T**　カツはお好み焼きを作ることができる。

Vocabulary

1. **b**　（有名な／多くの人々に知られている）
2. **a**　（特別な／普通ではなく、ほかの物と違っている）
3. **c**　（島／水で囲まれた土地）

Comprehension 解答例

1. **(He loves to) go hiking.**

   [訳]カツは宮島で何をするのが大好きですか。
   彼はハイキングに行くのが大好きです。

2. **c**　[訳]カツはバスケットボールチームに入っている。

Summary 解答例

Title: Self-Introduction
Katsu comes from Hiroshima, Japan. He lives there with his parents and his younger brother and an Akita dog. His favorite subjects are English and geography. He is on the basketball team. Hiroshima has a special dish called *okonomiyaki*. Katsu can make it. Near Hiroshima is an island called Miyajima. It's famous for its temple and shrine. Katsu loves to go hiking there.

[訳]タイトル：自己紹介
カツは日本の広島出身だ。彼は両親と弟と秋田犬と一緒に広島に住んでいる。彼の好きな教科は英語と地理だ。彼はバスケットボールチームに入っている。広島にはお好み焼きと呼ばれる特別な料理がある。カツはそれを作ることができる。広島の近くには宮島と呼ばれる島がある。宮島はお寺と神社で有名だ。カツはそこにハイキングに行くのが大好きだ。

ソクドクターへの回答例

I'm from Tokyo, Japan. I have two older brothers.

[訳]あなたはどこの出身ですか。兄弟や姉妹はいますか。
私は日本の東京出身です。私には2人の兄がいます。

執筆・監修者プロフィール

中野達也　Tatsuya Nakano

駒沢女子大学教授。東京学芸大学大学院修士課程修了（教育学修士）。上智大学博士後期課程満期退学。公立中学、高校、中高一貫校の教諭を経て、2016年より現職。速読・多読に関する論文を多数発表。「速読力向上を目指した指導～音韻処理を自動化するための方策～」で第48回ELEC賞を受賞。主な著書・監修書籍に、『高校生の「日々」を表現するスピーキング練習帳 ヒビスピ』（アルク）、『1日5分！英文法リアクション・トレーニング 基礎編・応用編』（共著／アルク）、『読む英語』（アルク）、検定教科書『All Aboard！Ⅰ・Ⅱ・Ⅲ』（共著／東京書籍）、『教科書だけで大学入試は突破できる』（共著／大修館書店）などがある。2022年度にはNHKラジオ『中学生の基礎英語レベル2』の講師を務めた。

英文速読トレーニング

ソクトレ150【はじめて編】

発行日　2016年11月1日（初版）
　　　　2024年7月8日（第7刷）

監修・執筆　中野達也（駒沢女子大学教授）
編集　株式会社アルク 文教編集部、松川香子
英文執筆　Owen Schaefer、Margaret Stalker、Eda Sterner、中野達也
英文校正　Margaret Stalker、Peter Branscombe
表紙・AD　小口翔平＋喜來詩織（tobufune）
本文デザイン　浅野 悠（株式会社Two half labo.）
イラスト　オオノマサフミ
ナレーション　Howard Colefield、Rachel Walzer
音楽制作　ハシモトカン（株式会社ジェイルハウス・ミュージック）
録音・編集　一般財団法人 英語教育協議会
CDプレス　株式会社ソニー・ミュージックソリューションズ
DTP　株式会社明昌堂
印刷・製本　日経印刷株式会社

地球人ネットワークを創る
アルクのシンボル
「地球人マーク」です。

発行者　天野智之
発行所　株式会社アルク
〒141-0001　東京都品川区北品川6-7-29 ガーデンシティ品川御殿山
Website：https://www.alc.co.jp/
中学・高校での一括採用に関するお問い合わせ：koukou@alc.co.jp（アルクサポートセンター）

PC:7016064　ISBN:978-4-7574-2830-0